日本の指揮者とオーケストラ

小澤征爾とクラシック音楽地図

本間ひろむ

光文社新書

まえがき

指揮者は一切、楽器に触れない（演奏しない）不思議な音楽家だ。
リハーサルでも楽器は弾かない。が、よく喋《しゃべ》る。

「14小節目第2ヴァイオリンさん少しだけ長くしときましょうか～、トロンボーンさんあのいつもの問題の8分音符硬めと言って言い過ぎなら柔らか過ぎず～。チェロさんコントラバスさん69小節4拍目は大きめ5拍目ですっと落とす感じ」（『交響録　N響で出会った名指揮者たち』茂木大輔）

リハーサルでこんな指示を出すのは、尾高忠明《おたかただあき》。

「そこは、夜道で、間違えて、カエルを踏んづけちゃって、そのカエルがギャ!!と鳴いたのに驚いて、こっちもギャー!!っと叫んで、そしたら別のカエルをまた踏んで!!!」

（『交響録　N響で出会った名指揮者たち』茂木大輔）

というディレクションをするのが、広上淳一《ひろかみじゅんいち》。

どちらの指揮者もNHK交響楽団の凄腕《すごうで》楽員たちを相手にリハーサルをした時のものだが、こんなふうに演奏してください、というリクエストをするだけで、かくも個性が炸裂《さくれつ》する。

このようにリハーサルは言葉で伝える言語コミュニケーション（指揮者の性格やパーソナリティがそのまま出る）。

一方で、演奏会本番では指揮者は観客に背中を見せ、無言でタクトを振る。これすなわち、非言語コミュニケーションの極致である。この使い分けが指揮者の腕の見せ所であり、聴き慣れたあの名曲が違って聴こえてくるというマジックはここから生まれる。

日頃、クラシックに限らずプロの音楽家のみなさんと接していて感じることは――もちろん演奏スキルがえげつないことは自明ですよ――この人たちは「非言語コミュニケーションに長《た》けているな」ということ。あれこれ余計な説明をしなくてもいいので、一緒にいてとてもラクな人が多い。

これはどうゆうことかというと、この非言語情報に対するセンス（人はそれを「野生」と呼びます）を磨かないと職業的に音楽家にはなれないということだ。そして、この非言語情報に対するセンスを磨くことでしか「教養」は獲得できない。

一方で、教養のない人ほど言葉そのもの（記号論でいうとシニフィアンですね）にしがみつく。例を挙げるなら、

「ショパンはピアノの詩人だっていうけど、詩なんか書いてない」


なんて言い方をする人。こんな人がまわりにいたらなかなかシンドイ。

話が逸《そ》れてしまったが、要するにクラシック音楽は教養そのものということだ。ただ、頭だけで理解しようとしてもだめです。まずは体の中に音楽を招き入れること。

たとえば、モーツァルト《交響曲第40番》と聞いて「あ、大きいト短調ね」となるでしょ。そして、あの主旋律が頭の中に流れてくる。ついでに、小さい方のト短調（交響曲第25番で

すね）の冒頭のあのエキサイティングなパッセージ（映画『アマデウス』の冒頭で使われてたやつです）も流れてくる。もっといえば、バッハの《小フーガ ト単調》のあの物悲しい旋律まで頭に流れてくるでしょ。パイプオルガンの音で。

しかし、スコア（楽譜）にあるのは記号のみで（もちろんAllegroといった速度記号などは言語情報ですが）、クロード・ドビュッシーみたいに「はい、これはなんちゃらという日本の版画で『海』のスコアの表紙に使いますよ」なんて親切なことはいってくれない。ロマン派までのクラシック音楽は、非言語情報の嵐です。速度記号や発想記号でもシニフィアン（言葉の表の意味）だけではなく、楽曲の全体像を見てシニフィエ（言葉の裏の意味）も把握する必要があります。

そして、指揮者はそのスコアを担保にして、オーケストラのみなさんに自分のイメージしたとおりの「大きいト短調」を演奏させなければいけない。

自分では直接手を染めない、という点において、指揮者は映画監督、サッカーや野球の監督、もしかしたら最高経営責任者や投資家のみなさんにも近いのかも知れない。

チームの状況（会社の情報）をきちんと把握し、マーケットの情報（サッカーなら同じリーグのほかのチームの戦力）を随時キャッチアップして、自分のチーム（会社）を成長させる。

投資家はその銘柄が成長するかどうかを見極める。そこは言語情報をキャッチアップするだけでは（残念ながら）不十分である。非言語情報に対するセンスが問われるのだ。

では、指揮者はどうか——。

リハーサルでは言語情報の嵐。本番はタクトを振るだけ。

この２通りのアプローチを使い分け、本番（演奏会）を成功に導かなければいけない。

そして、受けて立つのがオーケストラ——。

思えば、あそこ（プロオケのプルトの前）に座るためには、子供の頃からピアノを習い、それ以外の楽器（ヴァイオリンや管楽器や打楽器など）をとことんさらい、気がつけば数千万円と20年前後の時間（というコスト）をかけて座っている。そんなプロの音楽家が１００人、舞台の上に乗っているのがオーケストラ。そんなこんなの猛者《もさ》たちが、せーのでいっせいに演奏するんですよ。そりゃあ、あーた、沼ですよ、沼。

ビートルズだってせいぜい４人ですよ。しかも、彼らは大してコストかけてないし。ジョージ・ハリスンなんて大してうまくないし（失礼）。

そして、その１００人の猛者を一気に束ねるのが指揮者というお仕事。両者が一体となって作られる音楽のなんと豊かで、贅沢で、心躍ることか——。

今でもオーケストラの生演奏を見ると、翌朝シャキッと目覚めることができる。どんなサプリより、朝陽をたくさん浴びて（セロトニンを分泌させて）散歩する朝より、コレは効きます。

オーケストラ音楽は心と体が喜ぶのだ――。

本書は、こんなふうに誰かを沼に引きずり込んでしまった（あるいは自ら沼にはまってしまった）日本の指揮者とオーケストラの物語だ。

もちろん、ピアニストもヴァイオリニストも沼の住人ではあるのだが、そちらは拙著『日本のピアニスト』や『日本のヴァイオリニスト』にてお楽しみください。

日本の指揮者とオーケストラ
小澤征爾とクラシック音楽地図

目次

第２章 関西楽界のデベロッパー

付録　日本の指揮者とオーケストラ・ディスコグラフィ30 …… 195

序章

もしも、アウグスト・ユンケルが来日しなかったら

どこへ行くって？　日本？

彼はヨハネス・ブラームス（1833年、ハンブルク生まれ）の前でヴァイオリンを弾いたことがある。

アウグスト・ユンケル（1868年、ドイツ生まれ）その人である。

彼はベルリン・フィルハーモニー管弦楽団（以下、ベルリン・フィル）やボストン交響楽団（以下、ボストン響）のコンサートマスターを経て東京音楽学校の教壇に立つことになるが、この時はまだ、ケルン音楽院の学生である。

それも、とびきりヴァイオリンがうまい生徒のひとりだ。

彼のヴァイオリンの教師はヨーゼフ・ヨアヒム（1831年、オーストリア生まれ）。そう、ブラームスの親友で、後世に残るあのヴァイオリン協奏曲を献呈された伝説の人物だ。

そんなユンケルが演奏旅行で世界を回っている時、日本にも立ち寄った。

そのタイミングで東京音楽学校に誘われ、1899年（明治32年）から1912年（大正元年）まで上野の教壇に立つことになったのだ。

前任者のルドルフ・ディットリヒ（1861年、オーストリア生まれ）は、1888年（明治21年）から1894年（明治27年）まで東京音楽学校で教えていた。ヴァイオリン、ピアノ、オルガン、唱歌、和声学、作曲法。

日本に赴《おもむ》く際、師匠のアントン・ブルックナー（1824年、オーストリア生まれ）に、

「どこへ行くって？　日本？　日本？　ごきげんよう！」（『幸田延』萩谷由喜子）

と叫ばれたほど、西洋から見たら日本はまだ未開の地だったのだ。

そもそも、西洋楽器が本格的に入って来たのは明治維新（1868年）以降のこと。

少し、このあたりの事情を説明しておこう。

横浜や神戸の外国人居留地の西洋人を中心に西洋楽器が演奏されていた。

その界隈《かいわい》で、ヴァイオリンやピアノを扱う楽器商が現れたり、近所の洋館から流れてくるピアノの音に魅せられてドイツに留学してしまう山田耕筰《やまだこうさく》（1886年、東京生まれ）のような人物も現れはじめる。

そして、1871年（明治4年）の岩倉使節団。

その中に、のちに鹿鳴館のスターになる山川捨松《やまかわすてまつ》（1860年、会津生まれ）、永井繁子《ながいしげこ》

（1861年、東京生まれ）、津田梅子《つだうめこ》（1864年、東京生まれ）の3人もいた。大人たちがたくさん乗る船に乗らされた少女たちは、そのまま長期間アメリカにとどまって本格的に西洋音楽を学んだ最初の日本人だ。山川捨松はエリート軍人と結婚し、津田梅子は女子英学塾（現・津田塾大学）の創設者で新五千円札にも描かれている人物だ。

そして、彼のことも触れておかねばなるまい――。

楽壇の父、伊沢修二《いさわしゅうじ》（1851年、長野生まれ）である。

彼は元々、高遠藩（現在の長野県）の貢進生《こうしんせい》（藩が費用を出す特待生みたいなもの）で法学、経済学、理学を学んでいたが、アメリカへ留学（ブリッジウォーター師範学校、ハーヴァード大学などで理学などを学んだ）した際、音楽教育の現場を見てこれは日本に持ち帰らねばなるまいと思った。

帰国後、文部官僚になった彼は1879年（明治12年）、文部省内に音楽取調掛を立ち上げ、これが音楽取調所になり、1887年（明治20年）には東京音楽学校へと改組された。

ただ、ここで彼の前に大きな壁が立ちはだかるのだ。

学校はできたが先生がいない――。

伊沢は音楽取調掛時代の1880年（明治13年）に、ボストンからルーサー・ホワイティング・メーソン（1818年、アメリカ生まれ）をお雇い外国人として招いていた。

伊沢はボストンのブリッジウォーター師範学校で唱歌以外の科目では優秀な成績を収めたが、歌がからっきしだめだった。そこで、地元の音楽家ルーサー・ホワイティング・メーソンから唱歌の指導を受けていた。この時の縁があってのこと。

それでも足りない。岩倉使節団として留学経験のある永井繁子（結婚後は瓜生《うりう》繁子）も上野の教壇に立った。それから、箏曲《そうきょく》（琴）の師匠・山勢《やませ》松韻《しょういん》（1845年、東京生まれ）、雅楽家・上真行《うえさねみち》（1851年、京都生まれ）らも教授陣に加わった。

そして、日清戦争の影響で一時的に外国人教師の契約延長が打ち切られ、ルーサー・ホワイティング・メーソンは帰国の途につき、その後任としてウィーンからわざわざルドルフ・ディットリヒを招いたのだ。日本に行くと言って、ブルックナーを大いに嘆かせた男だ。

ルドルフ・ディットリヒの後任がアウグスト・ユンケルになるわけだが、彼がなぜ序章のタイトルにものぼるほどの人物なのか――。

ユンケル、オーケストラを作る

1899年（明治32年）に来日したアウグスト・ユンケルは、東京音楽学校にオーケストラ（東京音楽学校管弦楽団）を組織した人物なのである。

彼はブラームスの前で演奏を披露したというお得意のヴァイオリンはもちろんのこと、指揮と管弦楽というそれまで上野で教えられていなかった分野を持ち込んだ。

指揮と管弦楽、すなわち本格的な合奏＝アンサンブルをわが国にもたらしたのだ。そして、オーケストラを組織した。もちろん、演奏するのは生徒だけではなく教師が中心になってのことだ。

ただ、楽器は違えど、日本にもアンサンブルはなくはなかった。それは雅楽であり、民間でも琴、三味線といった和楽器でアンサンブルが楽しまれていたのだ。

打ち合わせ、の語源をご存知か――。

東西、異なるエリアの打楽器奏者が集まって雅楽の演奏をする際、演奏前に「一回、合わせてみましょうか」と打楽器だけで練習してみて、リズム感とかテンポを確認する。これが「打ち合わせ」。のちにミーティングの意味として広く使われるようになった。

ま、このように江戸時代以前から我々は「合奏」をしていた。琴や三味線はヴァイオリンと同じ弦楽器、笛、尺八などはフルートと同じ管楽器、太鼓、つつみはティンパニーと同じ打楽器である。ざっくりいえば。

ここで、ヴァイオリンやらフルートを演奏するスキルを持つことができれば、その先に見えてくるのは、オーケストラだ。

さて、アウグスト・ユンケルである。

ユンケルは今でいうところのパワハラ全開、すぐに怒るタイプの（Z世代にはまるで不向きな）雷おやじ系（瞬間湯沸かし器系）の教師であった。明治時代から昭和にかけて、わりとよく見られる、そして世間から黙認されていたタイプの人物である。

「そのころはユンケル先生がおられた。私はチェロの手ほどきを、この先生から受けたのだ。

習い始めてからわずか一週間ほど経った時、先生は私に音階を奏《ひ》けといわれた。ハ長調の音階を二オクタアヴにわたってやれとの注文なのだ。私は小鬢《こびん》に汗をにじませて一生懸命にやって見たが、懸命になればなるほど、音程は狂うし、ボォイングはとちってしまう。癇癪もちのユンケル先生は、いきなり私に頬打ちを食わせておいて、『俺は一度もチェロを学んだことはないのに、この通り奏けるではないか。お前はこの楽器を学んでからもう一週間になるというのに、どうして奏けないはずがあろう』と、一応は判ったような、甚だ判らないお説教なのである。私はしかし、敗けじ魂から、さらに三日の猶予を乞うた」（『自伝　若き日の狂詩曲』山田耕筰）

東京音楽学校でユンケルから指導を受けていた山田耕筰の回想だ。

彼は、３日間の練習時間をもらってチェロをさらってみたものの、ユンケルの反応は前とは変わらなかった。

「そのころ私は、チェロだけを、一日十時間も稽古して、指先の皮は悉《ことごと》く破れ、それこそ血の出る思いをしたものであったが、わずか三日間の練習が、一足飛びの上達を齎《もたら》しそうなはずはなく、またしてもユンケル先生の頬打ちと叱責。それでも私はこみ上げそうな憤怒の情を抑えて、さらに一週間を約し、絃に衅《ちぬ》る練習をはげんだ。結果は依然として香しくなく、私の指は、私の弓は、決して意の如くに動いてはくれなかった。

『私は一度も……』

と、ユンケル先生が始めた途端に、私は堪え切れなくなって、いきなり立ち上がって怒鳴り返した。

『先生、あなたは三十年もの間、ヴァイオリンを奏いておられます。ヴァイオリンとチェロと、大きさは違っても、もともと同じ系統の楽器ではありませんか。だのに僕は弓を握りはじめてから、まだ半月にもならないんです』

すると、先生は烈火のように憤り返して、頬打ちのかわり、弓で私をひっぱたかれた。私も決して敗けてはいなかった。その弓を引ったくって、ぼきッと二つに折るが早いか、今度は拳固を握りしめてチェロに一撃、大きな穴を胴に明け、その拳固を緩めもせず、そのまま握り固めて先生を追い、とうとうその頃は空部屋だった校長室へ追い込んで終った」(『自伝　若き日の狂詩曲』山田耕筰)

昔は、小澤征爾《おざわせいじ》(1935年、中国の奉天生まれ)を育てた齋藤秀雄《さいとうひでお》(1902年、東京生まれ)や、NHK交響楽団(以下、N響)をビルドアップしたヨーゼフ・ローゼンシュトック(1895年、ポーランド生まれ)、関西の楽界で活躍したエマヌエル・メッテル(1878年、ウクライナ生まれ）などもこのタイプである。

海外でいえば、アルトゥーロ・トスカニーニ（1867年、パルマ生まれ）、エフゲニー・ムラヴィンスキー（1903年、サンクト・ペテルブルク生まれ）、アメリカのオケを鍛え上げた、ジョージ・セル（1897年、ブダペスト生まれ）、サー・ゲオルグ・ショルティ（1912年、ブダペスト生まれ）などもこの手の雷おやじ系の指揮者だった。

さて、ユンケルが赴任する頃には、前任者のルーサー・ホワイティング・メーソンや瓜生繁子らが育てた生徒——たとえば、幸田延《こうだのぶ》（1870年、東京生まれ）、幸田幸《こう》（1878年、東京生まれ）、瀧廉太郎《たきれんたろう》（1879年、東京生まれ）、山田耕筰といったある程度、楽器の演奏ができる生徒——が育っていた。全員が学校に残っていたわけではないが（卒業したり、海外に留学したり）、さぁみんなでベートーヴェンを合わせるぜ、というと、ま、ま、笛吹けど誰も踊らず、という状況ではなかった。

山田耕筰は、なかなか手強《てごわ》い生徒だったようだが、そんな中、この姉妹がいたからこそ、ユンケルは日本での仕事をまっとうできたといえる。

幸田延、幸田幸の姉妹である。

幸田シスターズ

幸田露伴《ろはん》の誇り高き妹たちの姉の方、幸田延は小学校（東京女子師範学校附属小学校）時代にルーサー・ホワイティング・メーソンに見出《みいだ》され、音楽取調掛→東京音楽学校と音楽エリート教育を受けた人物である。

1889年（明治22年）には「第一回文部省音楽留学生」に選ばれ、ボストンのニューイングランド音楽院を経てウィーン音楽院に留学。ピアノ、ヴァイオリン、和声、作曲とオールラウンドに学んだスーパーウーマンである。

1895年（明治28年）に帰国すると、母校の東京音楽学校は東京高等師範学校の附属校に格下げされ、校長として君臨していた伊沢修二（楽壇の父）もこの学校を追われていた。

ここで、伊沢がなぜ「楽壇の父」かを説明しますよ。

伊沢は東京音楽学校を軌道に乗せて成長させただけではなく、たとえば浜松から山葉寅楠《やまはとらくす》（1851年、和歌山生まれ）が試作のオルガンを携えてやってくれば相談に乗り、東京音楽学校の外国人教師に紹介してアドヴァイスをもらえるように計らい、名古屋から鈴木政吉《すずきまさきち》（1859年、名古屋生まれ）が試作のヴァイオリンを携えてやってきたら相談に乗り、東京音楽学校の外国人教師に紹介してアドヴァイスをもらえるように計らった。

そして、山葉にも鈴木にもしかるべき人物（たとえば共益商社の白井練一社長など）と顔をつなぎ、山葉は日本楽器製造（現在のヤマハ株式会社）、鈴木は鈴木バイオリン製造（スズキ・メソードは息子・鈴木鎮一《しんいち》が創設）といったコングロマリットへと発展していくのだ。

新しい商品やテクノロジーをいち早くキャッチアップし、チェックし、シナジーを形成して市場を成長させる手助けをする。今でいえば、ボスコンやデロイトといった大手コンサルがやるようなエポックメイキングな仕事を涼しい顔でしていたことになる。

そんな伊沢がなぜ失脚したのか――。

伊沢が頼りにしていた森有礼《もりありのり》文部大臣（1847年、鹿児島生まれ）が暗殺されてしまったのである（1889年）。

ともかく、伊沢のおかげで幸田延は、25歳で上野公園内に奏楽堂を含む新校舎も建てられた東京音楽学校の教授として迎えられた。

そこにはルドルフ・ディットリヒに師事してヴァイオリンの腕をめきめきあげていた幸田幸や、のちに作曲家になる瀧廉太郎がいた。

ユンケルは同じ外国人教師――たとえば、チェロ奏者のハインリヒ・ヴェルクマイスター

（1883年、ドイツ生まれ）やピアニストのラファエル・フォン・ケーベル（1848年、ロシア生まれ）――や幸田シスターズの姿を見かけると自分が受け持つレッスンそっちのけで、彼らと室内楽を楽しんだ。

「私を怖がらないで。噛みつきはしない。音楽をやりたいだけだ」

シカゴ交響楽団（以下、シカゴ響）のリハーサルでこう言ったのは先ほど雷おやじ系の指揮者として紹介したサー・ゲオルグ・ショルティだが、ユンケルも人を怒鳴りたいのではなく、音楽が大好きだっただけなのだ。たぶん。

ユンケルは室内楽では飽き足らず、少しずつ演奏者を集めてフル・オーケストラを組織した。そして、シューベルト《交響曲第7番「未完成」》やケルビーニ《レクイエム》やブラームスの《ドイツ・レクイエム》といった曲を演奏した。

ただ、東京音楽学校にはピアノ、ヴァイオリン、声楽の生徒はいたが管楽器奏者は不足していた。そこでユンケル先生は強引な手に出た。

「カンタータ《海道東征》で知られる作曲家の信時潔（のぶとききよし）の音楽学校在学中の思い出によると、たいていの生徒は『ユンケル先生につかまって何か管弦楽の楽器をやらされた』。ことに管弦楽奏者は当時少なかったので、トランペットやらオーボエやらを勉強させられた。ユンケルは厳しく、ちょっと音程を間違えると、『You alone（君だけで！）』と1人ずつ何度でもやり直させ、大声で怒鳴ることもしばしばだったという」（東京藝術大学HP～東京音楽学校1912年「わが国オーケストラの父、ユンケル」）

幸田延がウィーンから帰国した際の「帰朝記念演奏会」のプログラムにヒントがある。

幸田延は、ハイドン《弦楽四重奏曲》（曲名不詳）ではファースト・ヴァイオリンを弾き、シューベルト《死と乙女》とブラームス《五月の夜》というリート2曲を歌った。メンデルスゾーン《ヴァイオリン協奏曲》の第1楽章も演奏したが、これはピアノ伴奏での演奏だった。クラリネット奏者の吉本光蔵《よしもとこうぞう》（1863年、東京生まれ）をゲスト奏者として招いてのモーツァルト《クラリネット五重奏曲》の第2楽章は、延がピアノ伴奏を担当した。

ゲスト奏者？

そう、吉本光蔵は東京音楽学校の関係者ではなかった。海軍軍楽隊でフランツ・エッケルト（1852年、ドイツ生まれ）に師事した優秀な軍楽隊員であり、当時の日本ではクラリネットの若きエースだったのだ。

ちなみに、フランツ・エッケルトはドイツ海軍の軍楽隊でオーボエを吹いていた。日本の軍楽隊の教師として来日し、音楽取調掛でも教えていたこともある。『君が代』の編曲（吹奏楽）をしたり、韓国の国歌を作曲したりもした。

この軍楽隊って何だろう——。

薩摩隊という日本最初のアンサンブル

そうなのだ。音楽学校でオーケストラが立ち上がるより早く、まったく別の組織でアンサンブルが形を作っていた。

軍楽隊である——。きっかけは、1863年（文久3年）の薩英戦争である。

横浜の生麦事件（大名行列の際、イギリス人4人が行列をよけなかったとして3人を切り捨てた事件）の犯人を処刑し、賠償金2万5千ポンド（幕府には10万ポンド）の賠償金を要求したイギリスに対し、薩摩藩はこれを拒否。頭にきたイギリスは7隻の艦隊を率いて鹿児島湾に現れたのだ。結局、薩摩藩は幕府から借り入れて賠償金を払ったが、その骨のある戦いぶりと講和交渉の際の薩摩藩の態度にイギリスは感心。薩摩藩もイギリスを通じて西洋文明の素晴らしさと軍事力に驚き、お互いを認め合った。

これ以降、薩摩藩とイギリスは友好関係を結び、1866年（慶応2年）には薩摩藩はパークス駐日英国公使夫妻と英国陸海軍300人を招聘《しょうへい》して相互の軍事訓練を披露した。

この時、イギリス軍が戦死者を水葬する際に吹奏楽による葬送曲を演奏したのがきっかけで、日本人は吹奏楽を知ってしまった。

1869年（明治2年）、陸軍大臣・大山巌《おおやまいわお》（1842年、鹿児島生まれ）が上京した際に、イギリス領事館に吹奏楽の指導を依頼し、30人ほどの薩摩藩士の若者（鼓笛隊出身者が中心）を「軍楽伝習生」として横浜に呼び寄せた。彼らは横浜市内の妙香寺で、イギリス陸軍第十連隊第一隊長のジョン・ウィリアム・フェントン（1831年、アイルランド生まれ）の指導を受けた。

彼らを薩摩隊（サツマ・バンド）という――。

薩摩藩主・島津忠義《しまづただよし》に買い与えられた新品の楽器で演奏スキルもめきめき上達。公務で式典等の演奏を担当した。

この薩摩藩軍楽伝習生（サツマ・バンド）を母体として日本の陸海軍の軍楽隊が発足した（兵部省軍楽隊から分離）。1871年（明治4年）のことである。

幸田延の帰朝記念演奏会に招かれクラリネットを演奏した吉本光蔵は、海軍の第1回軍楽公募生。第2回軍楽公募生に応募して採用（1882年）され、フランツ・エッケルトや吉本光蔵に師事した瀬戸口藤吉《せとぐちとうきち》（1868年、鹿児島生まれ）は、『軍艦行進曲』や『愛国行進曲』を作曲した。

こうして、明治以降、洋式兵法導入により軍隊行進の伴奏や催事における演奏など、軍楽隊のニーズは日に日に高まっていたのだ。この伝統が自衛隊音楽隊へと受け継がれていて、大相撲の千秋楽で演奏される『君が代』を自衛隊音楽隊が担当するのも、この流れだ。

このように、サムライの時代に「さよなら」を言って明治という時代を迎えた我々日本人は、あらゆる意味での文明開花を素直に享受した。

この時代を「坂の上の雲」と表現したのは司馬遼太郎《しばりょうたろう》だが、西洋音楽という分野においても、我々日本人は坂の上の雲を全速力で追いかける。

さて、指揮者の話をはじめよう。

第1章

ベルリン・フィルを振った男たち

——近衛秀麿と山田耕筰

東京フィルハーモニー会

友よ、指揮者の話だ。

序章で幸田露伴の妹たち（ピアノやヴァイオリンを自由に操る幸田シスターズ）の話をしたが、こんどは元・総理大臣、近衛文麿《このえふみまろ》（1891年、東京生まれ）の弟君の話をしますよ。

近衛秀麿《ひでまろ》（1898年、東京生まれ）。

愛称は「おやかた」。

近衛家は藤原氏の流れを持つ五摂家（鎌倉時代以降、摂政関白を任じられる家柄）筆頭で、皇室内での雅楽を統括する名家である。父・近衛篤麿《あつまろ》（1863年、京都生まれ）は元・貴族院議長。

近衛篤麿は4人の息子と1人の娘をもうけた。長男・文麿は総理大臣、三男・直麿《なおまろ》（1900年、東京生まれ）はホルン奏者、四男・忠麿《ただまろ》（1902年、東京生まれ）は貴族院議員。長女・武子《たけこ》（1897年、東京生まれ）は大山柏《おおやまかしわ》陸軍少佐に嫁いだ。

そして、次男・秀麿は、日本人として初めてベルリン・フィルの指揮台に立った男である。当時の日本人にしては珍しく180センチほどの高身長。そして、日本に初めてプロ・オーケストラを設立した人物でもある。伊沢修二が「楽壇の父」なら、近衛秀麿は「日本のオーケストラの父」である。

さて、秀麿が生まれた近衛家にはピアノとヴァイオリンがあった。1898年（明治31年）当時ですよ。ピアノは鹿鳴館で使われていたスタインウェイ。ヴァイオリンは母・貞子《もとこ》が嫁ぐ際に持参したもの。

最初は長男・文麿がこれらの楽器に親しみ、よく演奏していた。そんな兄の影響を受けた秀麿も学習院中等科（旧制）に通う頃にはピアノもヴァイオリンもめきめき腕を上げ、東京音楽学校の別科の受講生になっていた（雅楽を統括する名家の血は争えないものである）。

そんな時、秀麿は山田耕筰と知り合う。1916年（大正5年）のことだ。

幼少期、山田は近所の洋館から流れてくるピアノの音にやられて音楽に目覚めたことはすでに書いた。旧制関西学院中学から東京音楽学校本科声楽部に進み、卒業後は海軍軍楽隊委託生の教官や東京音楽院に勤務。その傍ら、東京音楽学校の教師だったハインリヒ・ヴェルクマイスターから作曲を学んでいた。

1910年（明治43年）、そのヴェルクマイスターに紹介された三菱財閥の副社長・岩崎《いわさき》小弥太《こやた》男爵（1879年、東京生まれ）のバックアップで念願のドイツ留学を果たすのだ（小弥太はヴェルクマイスターからチェロを習っていた）。

１９１４年（大正３年）に帰国後、山田は岩崎小弥太が設立に関わった「東京フィルハーモニー会」管弦楽部を任されることになる。

東京フィルハーモニー会は、東京音楽学校を卒業後、東洋音楽学校（現・東京音楽大学）を立ち上げていた鈴木米次郎《すずきよねじろう》とヴェルクマイスターが中心になって西洋音楽の普及を目的に岩崎小弥太ら財界人を説き伏せ、１９１０年（明治43年）に設立した。

同じ年、さっそく第１回演奏会が開かれ、１９１４年（大正３年）に帝国劇場で行われた第14回演奏会は、山田の指揮でワーグナー《ローエングリン前奏曲》などが演奏され、大成功をおさめた。

翌１９１５年（大正４年）、山田耕筰はユンケルにヴァイオリンを学んだ東儀哲三郎《とうぎてつさぶろう》（１８８４年、東京生まれ）を中心に、東京音楽学校出身者や、宮内省楽部の楽師らで東京フィルハーモニー会管弦楽部を組織した。

だが、その年の暮れに行われた第６回演奏会が最後となった。

１９１６年（大正５年）、金銭トラブル等により岩崎の支援は打ち切られ、解散となったのだ。

ちょうどその頃、近衛秀麿と山田耕筰は出会うのである。

鹿島丸でヨーロッパへ

秀麿は、東京音楽学校（御茶ノ水分教場）で知り合った牛山充《うしやまみつる》（1884年、長野生まれ）に連れられて山田邸を訪ねた。当時、牛山は母校の学友会誌「音楽」の編集・発行人をしていた。

秀麿は山田耕筰を週に一度訪ねて、作曲を師事した。

秀麿が入り浸っていた東京音楽学校ではユンケルの後任、グスタフ・クローン（1874年、ドイツ生まれ）がベートーヴェンの作品の初演を振ったりしていた。その影響を受け、作曲家になりたいという想いが秀麿に芽生えていたのだ。秀麿はヴァイオリンを抱えて東京音楽学校に入り浸った。校内でも問題になってはいたらしいが、そのうちクローンのドイツ語通訳のようなことをするようになった。

1919年（大正8年）には秀麿は爵位（子爵）を得て独立。当時の学習院には「白樺派」文学に心酔する連中がいた影響で、秀麿も文学にも親しんでいた。

やがて、秀麿は学習院高等科（旧制）から東京帝国大学文学部に進学。その傍らで、東京音楽学校の演奏会や浅草オペラ（浅草公園六区に林立した劇場で上演された日本語に翻訳されたオペラ・オペレッタが人気を博していた）に通いつめ、生のオーケストラに触れる機会を多く持った。その一方で、東京音楽学校でオーケストラ譜を書き写す（当時コピー機なんてなかったのだ）というマニアックなことをしていたところがユニークだ。

徳川頼貞《とくがわよりさだ》（１８９２年、東京生まれ）がスコアや音楽文献をコレクションしている南葵音楽文庫を訪ねてまで写譜をしていたが、ある時、九州帝国大学医学部の博士がベートーヴェンの交響曲全曲の総譜を持ち帰ったというニュースを聞きつけた。この時、博士の自宅へ押しかけて総譜を書き写させてもらったというのだから驚く。この榊保三郎《さかきやすさぶろう》（１８７０年、静岡生まれ）博士は東京帝国大学を卒業したのち、文部省の派遣留学生としてドイツに留学していた。その際、ベルリン王立音楽院の学長だったヨーゼフ・ヨアヒムに弟子入りしていたという人物だ。九州帝国大学にオーケストラを組織したのもこの人である。

ま、秀麿の徹底ぶりは、今でいうところの「オタク気質」に近い（箱推ししている坂のメンバー全員の写真集を買っちゃうみたいな）。

１９２２年（大正11年）には、東京帝国大学管弦楽団（約35名だった）を率いて、東北・北海道の演奏旅行にも出かけた。セットリストはビゼー《カルメン序曲》やブラームス《ハンガリー舞曲第5番》《第6番》など。

このツアーには、上智大学に通っていた齋藤秀雄がチェロ奏者として参加しているのが興味深い。

そして、この2人は妙な縁でドイツに向かうのだ。


「齋藤は、ある日、銀座を歩いていて偶然近衛に会った。軽く挨拶をすると、

『俺は近いうちにドイツに行くのだよ』

との答えが返ってきた。ベルリンでは音の魔術師と称された不出世の指揮者アルトゥール・ニキシュが急逝し、その後継者に三十六歳のウェルヘルム・フルトヴェングラーが就任していた。指揮者をめざす近衛もこれ以上留学を待てないところにきていた。齋藤はすかさず、

『僕も連れていってください』

といった。

『ああ、いいよ』

と近衛も簡単に答えた」(『嬉遊曲、鳴りやまず　斎藤秀雄の生涯』中丸美繪)

なんともおおらかな時代、いや、おおらかな人たちだろう。

1923年(大正12年)2月、そんな2人が連れ立って神戸に向かい、鹿島丸に乗ってヨーロッパへと旅立った。

ちなみに鹿島丸は三菱財閥創始者・岩崎弥太郎《やたろう》(1835年、高知生まれ)が設立した日本郵船の欧州航路の客船で、ヴァイオリニストの貴志康一《きしこういち》(1909年、大阪生まれ)や諏訪根自子《すわねじこ》(1920年、東京生まれ)など、多くの若い音楽家はみんな鹿島丸に乗ってヨーロッパへ向かうのだ。

2024年(令和6年)現在、コロナ明けから円安に至る流れの中で、日本中にインバウンド、そう外国人の観光客が溢《あふ》れている。しかも、SNSで情報を得ているらしく、日本の地方にもインバウンドが溢れているのだ。北海道のニセコは数年前からだし、たとえば和歌山の熊野本宮のような日本人でもなかなか行かないような場所にまで彼らは足を運ぶ。

同様に、1920年代前半のハイパーインフレ(第一次大戦敗戦の戦後賠償が原因)によってマルク安の状況が続いていた当時のドイツにも、多くの日本人留学生が旅立っている。

強くなった円（マルクが安くなって相対的に円が強くなっただけだが）を携えて――。

近衛秀麿、ベルリン・フィルを振る

翌1924年（大正13年）1月、近衛秀麿は日本人として初めてベルリン・フィルの指揮台に立った。いうまでもなく快挙である。それも一度や二度ではない。あの名門オーケストラの指揮台に計7回も上がっているのだ。

それだけではない。

ハンス・クナッパーツブッシュ（1888年、ドイツ生まれ）やエーリヒ・クライバー（1890年、ウィーン生まれ）といった大物指揮者とも知己を得ているのだ。

日本ではアマチュア・オーケストラしか振ったことのない男が、なぜ？

キーマンになるドイツ人の若者がいた。カール・レーマンである。ミュンヘンにあるオットー・バウアー社でスコア（楽譜）のセールスをする男である。

秀麿は日本にいる際、スコアの蒐集《しゅうしゅう》に明け暮れていた話は書いた。国内に飽き足らず、海外にも問い合わせの手紙を書いて（そのほとんどは返事もなかったが）、返事をくれたのがドイツのスコアのセールスマン、そうカール・レーマンである。このレーマンが秀麿のドイツでの水先案内人になるのだ。

鹿島丸でヨーロッパに渡った秀麿は陸路ドイツに行き、真っ先にレーマンに会った。会社がバイエルン国立歌劇場の近所にあったことからこの有名なオペラハウスに出入りしていたレーマンは、劇場関係者や先にあげた大物音楽家からも可愛がられていた。レーマンはそんな彼らと秀麿を引き合わせたのである。

さて、秀麿のベルリン・フィルへのデビューの話だ。

結論からいうと、彼の演奏会はヴォルフ・ウント・ザックス社という興行会社による特別公演ということだ。同社がベートーヴェン・ザール（小ホール）とオーケストラの予定を押さえる。契約書にサインをして、コスト（会場費、広告費、オーケストラへのギャラ等）を支払う、というフローです。オーディションも兼ねたぶっちゃけ貸切公演ですね。

実をいうと、東京ドームでもカーネギーホールでも、スケジュールが空いていてしかるべきコストを支払えば、基本的に誰でも借りることができる。よく「カーネギーホールの舞台に立った人らしいぜ」という話を聞くが、こんなフローでのことも多い。

ともかく、死去したアルトゥール・ニキシュ（１８５５年、ハンガリー生まれ）に代わって常任指揮者になったばかりのヴィルヘルム・フルトヴェングラー（1886年、ベルリン生まれ）が意のままに操っていたそのオーケストラを、近衛秀麿がドライヴしたのは事実である。セットリストは、モーツァルト《歌劇「劇場支配人」序曲》、ラロ《チェロ協奏曲》、ドビュッシー《交響詩「牧神の午後への前奏曲」》、カリンニコフ《交響曲第1番》、それから自作の曲も演奏している。とりわけ、カリンニコフのシンフォニーに反応したロシア人たちからは「ブラボー」の声が上がったらしい。

もちろん、ベルリン・フィルと共演できたのもハイパーインフレによるマルク安が続いていた当時のドイツの経済状況が大きい。秀麿より数年遅れて欧州にやってきたヴァイオリニストの貴志康一がストラディヴァリウス「キング・ジョージ」を購入することができたのも、ハイパーインフレのおかげである。

秀麿はベルリン・フィルを振った年（1924年）の夏には帰国の途についている。関東大震災（1923年9月）で被災した家族に会うためである。

ドイツで買い漁《あさ》った大量のスコアを手にして――。

日露交驩交響管弦楽演奏会

1922年（大正11年）末、帝国ホテルで室内楽の演奏していたロシア人楽士たちを中心に東京シンフォニー・オーケストラが誕生した。

彼らのバックアップを買って出たのは、帝国ホテル社長の大倉喜七郎《おおくらきしちろう》男爵（1882年、東京生まれ）、黒田清《くろだきよし》伯爵（1893年、東京生まれ）、渡辺千秋《わたなべちあき》伯爵（1843年、長野生まれ）の未亡人である。

翌1923年（大正12年）、東京シンフォニー・オーケストラは約80名のメンバーを揃え、第1回演奏会を帝国ホテルで開催したが、同じ年の夏に起こった関東大震災の影響で、このオーケストラは解散に追い込まれる。

1924年（大正13年）、帰国したばかりの近衛秀麿は近衛交響楽団を、山田耕筰は日本交響楽協会（以下、日響）をそれぞれ設立。

翌1925年（大正14年）4月、山田耕筰は大がかりな演奏会を実現させる。

「日露交驩《こうかん》交響管弦楽演奏会」である――。

関東大震災で被災した歌舞伎座が再建工事を終えたタイミングで日露交驩交響管弦楽演奏

会を同劇場で行うプランを松竹社長の大谷竹次郎《おおたにたけじろう》（1877年、京都生まれ）に了承されていたが、延期になっていたのだ。

山田は中国のハルビン（ロシアの租借地）にある東支鉄道交響楽団（ハルビン交響楽団）のロシア人楽士（数名は東京シンフォニー・オーケストラに参加していた）を呼び寄せ、そこに日響のメンバーが加わって日露交驩交響管弦楽演奏会のオーケストラはでき上がった。ハルビン交響楽団の指揮者はエマヌエル・メッテル。のちに来日して朝比奈隆《あさひなたかし》（1908年、東京生まれ）の師となる人物だが、日露交驩交響管弦楽演奏会の指揮台に立ったのは、近衛秀麿と山田耕筰である。

セットリストは、モーツァルト《交響曲第40番》、ベートーヴェン《交響曲第5番「運命」》《第7番》、チャイコフスキー《交響曲第6番「悲愴」》、ワーグナー《マイスタージンガー第一幕への前奏曲》、カリンニコフ《交響曲第1番》、リムスキー＝コルサコフ《シェエラザード》といった有名曲が並ぶ。

同年4月から5月にかけて、東京歌舞伎座を皮切りに、静岡、名古屋、京都、神戸、大阪、岡山で行ったいわゆるひとつの全国ツアーである。日本とソ連の国交回復というタイミングでのこの演奏会は、全国で大盛況だったという。

その年の夏には、東京放送局（ＪＯＡＫ／のちのＮＨＫ東京）のラジオ放送がスタート。オーケストラ音楽に追い風が吹きはじめていたのだ。

記念すべき本放送初日の番組で、山田耕筰作曲・指揮による《ＪＯＡＫ行進曲》が放送された。そして、同番組のトリを飾ったのは、秀麿指揮による近衛交響楽団のベートーヴェン《交響曲第5番「運命」》だった。

これを機に、ＪＯＡＫは山田耕筰と演奏契約を結んだ。近衛秀麿と中心メンバーは自ら率いる近衛交響楽団のメンバーを日響に合流させ、ラジオ放送で演奏する傍ら、定期演奏会もさかんに行った。

しかし、ここでトラブルが発生した。近衛秀麿が日響を辞めたのである――。

山田が日響でマネジャーをしていた原善一郎《はらぜんいちろう》をリストラしたのが原因らしいが、一部には金銭トラブルだったという説もある。

この事態を受けて、ＪＯＡＫは近衛の代わりとしてヨーゼフ・ケーニヒ（１８７４年、プラハ生まれ）というヴァイオリニスト兼指揮者のもとで日響を継続する、というアナウンスをした。ところが、日響の楽員44名が秀麿に続いて脱退した。残ったのは山田耕筰と４名の楽員のみ。

１９２６年（大正15年）９月、原善一郎は自らを追い出した山田耕筰を提訴。ＪＯＡＫは放送存続のため山田との契約を解除し、原に旧日響の楽員をまとめるように要請した。同年10月、ケーニヒが旧日響の楽員を相手に指揮した定期演奏会での演奏の模様がＪＯＡＫオーケストラの名前でそのままＯＡされた。

このオーケストラはそのまま新交響楽団（以下、新響／のちのＮＨＫ交響楽団）として生まれ変わった。

ここにドイツ留学から帰って来た齋藤秀雄が首席チェロ奏者として入団するが、その話は第３章までお待ちいただきたい。

海外で躍動する２人の日本人指揮者

山田耕筰はこの後、日本蓄音器商会（現・日本コロムビア）と契約し、童謡やオペラなど作曲家としての活動の機会をふやしていくのだが、１９３７年（昭和12年）にはドイツに渡り、ベルリン・フィルの指揮台に立って自作《明治頌歌《しょうか》》を指揮している。

実は、山田耕筰はニューヨークのカーネギーホールの指揮台にも立っているのだ。１９１

8年（大正7年）と翌19年（大正8年）のことである。これは「ジャパン・ソサエティ」という日米の経済人、アーティスト、学者、ジャーナリストらが会員となっている親睦団体が主催するコンサート。このニュースを日本で知り、10代だった朝比奈隆は指揮者を夢見ることになる。

1918年（大正7年）10月の「第1回管絃楽演奏会」には《秋の宴》《二つの交響詩「暗い扉」「曼陀羅《まんだら》の華」》、1919年（大正8年）1月の「第2回管絃楽演奏会」には《交響曲「かちどきと平和」》《舞踊詩劇「マリア・マグダレーナ」》といった自作の曲を指揮している。「第2回管絃楽演奏会」のラストにはワーグナーの《マイスタージンガー　第一幕への前奏曲》まで演奏しているが、こちらは敵国の音楽であり賛否両論あったようだ。

一方、近衛秀麿も1930年（昭和5年）にドイツに渡ってベルリンに音楽事務所を構えている。前年（1929年）にドイツでの盟友カール・レーマンがオットー・バウアー社を辞めてバイエルン放送局の音楽番組担当責任者になったのをきっかけに、自らの音楽活動の拠点であり新響に招く外国人演奏家との窓口の役割ともなるオフィスを開いたということだ。

この頃、秀麿はヴィルヘルム・フルトヴェングラーと親しくなってリハーサルを見学したり、ベルリン国立歌劇場の音楽総監督に就任したエーリヒ・クライバーの助手となって指揮者としてのスキルを磨いていた。

1933年（昭和8年）、秀磨は「客員指揮者」として認められ、ベルリン・フィルに正式デビューを果たした。彼の後を追うように、貴志康一、尾高尚忠《おたかひさただ》（1911年、東京生まれ）、朝比奈隆といった日本人指揮者が次々とベルリン・フィルの指揮台に立つことになるが、それは別の章で触れることにする。

そして、この年（1933年）、世界中に暗い影を落とす出来事が起きる。

ヒトラー政権樹立である――。

そして、アドルフ・ヒトラー（1889年、オーストリア生まれ）によるユダヤ人排斥運動が日に日に勢いを増し、ドイツ国内の公職からユダヤ人たちが追いやられた。

ピアニスト・指揮者だったレオニード・クロイツァー（1884年、サンクトペテルブルク生まれ）もその一人だ。ベルリン音楽大学のピアノ科教授の地位にあったクロイツァーはほどなくその職を追われた。そこで、秀磨の噂を聞きつけ彼に相談を持ちかけたのだ。日本に逃げ、彼はアメリカに亡命したいと言うのだ。

その頃、ヨーロッパとりわけドイツにいるユダヤ系の音楽家はアメリカへ逃れることが多かった。しかし、アメリカ側も受け入れに制限をかけ始めていた。

そんなふうにして、レオニード・クロイツァーは日本にやって来た。作曲家・指揮者のクラウス・プリングスハイム（１８８３年、ドイツ生まれ）、作曲家のマンフレート・グルリット（１８９０年、ベルリン生まれ）もやって来た。彼らは東京音楽学校の教壇に立って後進の指導にあたったのだ。その少し前（１９２９年）には、レオ・シロタ（１８８５年、ウクライナ生まれ）も来日して、永井進《ながいすすむ》（１９１１年、東京生まれ）、藤田晴子《ふじたはるこ》（１９１８年、東京生まれ）、園田高弘《そのだたかひろ》（１９２８年、東京生まれ）といったピアニストを育てた。

それから、ヨーゼフ・ローゼンシュトックもやって来て、新響を徹底的に鍛え上げた。先に触れた、いわゆる雷おやじ系の指揮者だ。

こんなふうにナチのホロコーストから逃れて日本にやって来た音楽家たちに、日本の楽壇がビルドアップされたといっていい。

しかしながら、またも新響に内紛が勃発する。詳しくは第3章で触れるが、我らが「おやかた」近衛秀麿は１９３５年（昭和10年）に新響を振ったのを最後に、このオーケストラを辞任してしまった。

そして、向かった先はシアトル、そしてフィラデルフィアである。翌１９３６年（昭和11年）のことだ。

秀麿を迎えたのは、レオポルド・ストコフスキー（1882年、ロンドン生まれ）である。映画『オーケストラの少女』で有名なこのイギリス人スター指揮者は、秀麿が編曲した雅楽の曲《越天楽《えてんらく》》をとても気に入り、自らのレパートリーに取り入れていた。1934年（昭和9年）にフィラデルフィア管弦楽団（以下、フィラデルフィア管）で演奏した模様はレコード化（日本ビクター）もされている。

ストコフスキーは秀麿をフィラデルフィア管の客演指揮者に任命し、アメリカ中のオーケストラに向けて推薦状を書いたりもした。

そして、秀麿はニューヨークに向かい、アルトゥーロ・トスカニーニに会う。彼は秀麿を設立予定のNBC交響楽団の副指揮者に迎えるというのだ。次にニューヨークに来た時はこのオケを振らせるという約束を取り付けた。トスカニーニとNBC交響楽団の契約期間は4年。彼は毎年10週だけ指揮をし、その他の週のプログラムはアルトゥール・ロジンスキー（1892年、オーストリア生まれ）と近衛秀麿が振るというプランだったという。

一度、日本に帰国した秀麿は今度はドイツに飛び（1938年）、終戦までヨーロッパで活動した。ジャン・シベリウス（1865年、フィンランド生まれ）に招かれヘルシンキでタクトを振り、戦火のヨーロッパでコンセール・コノエを結成した。この小規模のオーケストラにフランスやベルギーの兵役逃れの音大生やホロコースト逃れのユダヤ人を楽員に迎え、活動していた。１９４４年（昭和19年）のことだ。

そして、１９４５年（昭和20年）、終戦を迎える。

第2章

関西楽界のデベロッパー

――貴志康一と朝比奈隆

少年提琴家・貴志康一

時を少し戻そう。

日本のオーケストラ史を語る上でエポックメイキングな出来事だった１９２５年（大正14年）の日露交驩交響管弦楽演奏会。その大阪・神戸での５月の公演を、15歳の若さで見た若者がいた。

貴志康一である――。

大阪の豪商・貴志彌右衛門《やえもん》の孫として大阪で生まれる。父・奈良二郎（１８８２年、大阪生まれ）は、先代の死去（１９２３年）を機に二代目・貴志彌右衛門を名乗る（以下、彌右衛門は康一の父親をさす）。

９歳の時に一家で芦屋に移り住み、彼は旧制甲南中学在学中の14歳よりミハイル・ヴェクスラー（１８９６年、リトアニア生まれ）にヴァイオリンを師事。

ヴェクスラーはアウアー門下のヴァイオリニストで、ロシア革命（１９１７年）を機にウラジオストックに逃げ延び、そのまま来日を果たした。１９２３年（大正12年）のことである。来日後は神戸市中山手通に定住し、そこでヴァイオリンの教室を開いていた。

さらには、宝塚交響楽団の指揮者ヨーゼフ・ラスカ（1886年、オーストリア生まれ）を自宅の洋館に招いて康一は楽典を学んでいた。

1925年（大正14年）5月、貴志康一は大阪・三木楽器店のホールで「貴志康一ヴァイオリンリサイタル」を開く。16歳の少年提琴家・貴志康一の誕生である。

同年6月、東京（JOAK）に少し遅れて、大阪でも大阪放送局（JOBK／のちのNHK大阪）によるラジオの仮放送がスタートした。東京のJOAKと同じようにコンテンツ制作（ラジオドラマのBGMや音楽番組）にオーケストラの必要性を感じた同局は、さっそくJOBKオーケストラを編成した。

その際のアドヴァイザーに招いたのは、東京音楽学校の教師だったチェリストのハインリヒ・ヴェルクマイスターである。東京音楽学校の学生だった頃の山田耕筰もヴェルクマイスターから作曲を学んでいたこともある。

JOBKオーケストラは、関西楽界のベテラン音楽家や大阪市音楽隊の奏者で編成された。ヴァイオリンには辻吉之助《つじきちのすけ》（1898年、京都生まれ）、フルート／オーボエに服部良一《はっとりりょういち》（1907年、大阪生まれ）がいた。辻吉之助は、ヴァイオリニスト辻久子《ひさこ》（1926年、大阪生まれ）の父親で久保田良作《くぼたりようさく》（1928年、東京生まれ）、和波孝禧《わなみたかよし》（1945年、東京生まれ）

らを育てた関西楽界の重鎮である。服部良一はのちの大作曲家、今をときめくヴァイオリニスト服部百音《もね》（1999年、東京生まれ）の曽祖父である。

貴志康一も若いながらセカンド・ヴァイオリンの末席に座った。

1925年（大正14年）秋からこのオーケストラは大阪フィルハーモニック・オーケストラと名前を変えてヴェルクマイスターやラスカの指揮で演奏し、その模様が放送された。これとは別に演奏会も行うようになる。

1926年（大正15年）になると、エマヌエル・メッテルが指揮台に上がり始めた。ハルビン交響楽団を振っていた、あのメッテルである。彼は、宝塚音楽歌劇学校で教えていた妻エレナとともに暮らすため、来日したばかりだった。

1927年（昭和2年）6月、日本青年館でメッテルが新響を振った時、旧制一高の学生だった朝比奈隆がその姿を見ていたのだ。

「それまでに私たちが接していたドイツの古典やロシア物でもチャイコフスキーのような国際的な作品とは全く異質の音楽であり、指揮するというよりもオーケストラの各楽器から哀しいロシア農民の歌を引き出し、共にうたい、共に泣いているかのようであった。音楽に驚嘆し圧倒されたことはあったが、音の流れに共感し、よろこびや悲しみに心をふるわせたのは初めての体験だった」（『この響きの中に』朝比奈隆）

そのメッテルが京都帝国大学の音楽指導者に迎えられたという新聞記事を読んだ朝比奈は、京都帝国大学法学部に進学することを決めた。

宝塚交響楽団の第1回定期演奏会

1924年（大正13年）2月、ヨーゼフ・ラスカ指揮による宝塚シンフォニー・オーケストラの第1回定期演奏会が行われた。

このオーケストラは当初、宝塚少女歌劇団の花組・月組・雪組の管弦楽部を再編成したもので、1926年（大正15年）にそれまでの宝塚音楽研究所が宝塚交響楽協会に改組されるのと同時に、宝塚交響楽団が立ち上がった。

これは、1870年（明治2年）に皇帝フランツ・ヨーゼフ1世（1830年、ウィーン生まれ）によってあの有名なムジークフェラインザールという豪奢《ごうしゃ》なコンサートホールを持つ

「ウィーン楽友協会」の建物が建てられ、ウィーン国立歌劇場のオーケストラのメンバーが自主的に（この団体のオーケストラとして）ウィーン・フィルハーモニー管弦楽団（以下、ウィーン・フィル）を立ち上げたのによく似ている。

オペラハウスのオーケストラ・ピットにいる連中が、ベートーヴェンとかブラームスを演奏したくて、自分たちのオケを立ち上げたというやつだ。

宝塚交響楽団の第1回定期演奏会は1926年（大正15年）9月なので、日本初のプロ・オーケストラといわれている新響の第1回定期演奏会の同年12月より数ヶ月早いが、ともかくこの時期、東西でラジオ放送が始まり、フルオーケストラが定期演奏会をスタートさせたのだ。

そんな状況を尻目に、旧制甲南高校の学生になった貴志康一は、道頓堀の松竹座といった映画館にも通い詰めていた。当時の映画館は、映画伴奏（サイレント映画には伴奏が必要だった）のための小規模なオーケストラを備えていた。幕間《まくあい》にサービスで生演奏を披露したりもしていた。そんな中、松竹座は松竹座管弦楽団という約40名の楽団を持つ映画館で、康一は彼らの演奏を目当てにこの映画館に通っていたのだ。

そして、貴志康一の目は海外に向いていた。

先達ともいうべき山田耕筰や近衛秀麿はいうまでもなく、ピアニストでいえば１９２３年（大正12年）に一家でパリに移住した草間加壽子《くさまかずこ》（１９２２年、兵庫生まれ）の例もあるように、西洋音楽を本格的にやろうとすると欧州の地を踏むことは避けて通れないタスクだ。

その一方で、「私のベートーヴェンでウィーンを征服してくる」と言って意気揚々と渡欧したピアニストの久野久《くのひさ》（１８８６年、滋賀生まれ）が、夢破れ異国の地で自死をするという悲劇も起こっている。久野は幸田延の愛弟子で、国内ではベートーヴェンの大家として持て囃《はや》されていたのだ。

さはさりながら、貴志康一の周辺にいる外国人音楽家たちや父親の友人はさかんに海外留学を勧める。とりわけ、国立ジュネーヴ音楽院のオルカー・シュルツ元・院長の息子ワルター・シュルツが当時、近所（神戸・岡本）に住んでいて親交があり、康一のヴァイオリンを高く評価していた。

結局、彼らの「父親を紹介するからスイスに行け」という話に乗ることにしたのだ。

こうして、旧制甲南高校を２年で中退した貴志康一は、ヨーロッパに向けて旅立った。

１９２６年（大正15年）12月のことである。

ストラディヴァリウスを手に入れる

戦前の若者がヨーロッパに旅立つといえば鹿島丸である。

神戸港から出港したこの大型客船でフランス・マルセイユに到着。そこから陸路でジュネーブへ。

シュルツ一家に迎えられジュネーヴ音楽院のヴァイオリン科中等クラスの3年生に編入。同音楽院を1年半で修了し、「バーデン音楽祭」のマスタークラスを経て、ベルリン高等音楽学校でカール・フレッシュ（１８７３年、ハンガリー生まれ）に師事。作曲家のロベルト・カーン（１８６５年、ドイツ生まれ）にも作曲を学んだ。

持ち前の社交的な性格も相まって、貴志康一はよく学び、行く先々で交友関係を広めた。そんな知り合いの一人であるベルリンの古楽器商エミール・ヘルマンから、

「よいストラディヴァリウスが入った」

という知らせが来た。

英国王キング・ジョージが所有していたところからその名がついた、１７１０年製ストラディヴァリウス「キング・ジョージ」である。鑑定書もついている。何より、試奏してみて

康一はこのストラディヴァリウスが気に入ってしまった。

ヴァイオリニストが楽器に恋をし、楽器はヴァイオリニストを選ぶのだ――。

すったもんだの挙句、父・彌右衛門（二代目）の許しを得て、この名器は貴志康一の手に落ちた。

ゴーサインを出す際の彌右衛門のセリフが秀逸だ。


「日本の楽壇のために一つくらい本物のストラディヴァリウスが有ってもよいだろう」

（『貴志康一　永遠の青年音楽家』毛利眞人）


楽器の値段は当時で6万円。今で言うと数億円になる金額である。

この高額な名器を携えて、貴志康一はシベリア鉄道で一時帰国の途につく。

貴志康一はその後、たびたびヨーロッパへ足を運んでいるが（山田耕筰や近衛秀麿のように）、その最初の帰国の車内で思わぬ人物と知り合いになる。

レオ・シロタである――。

レオ・シロタはフェルッチョ・ブゾーニ（1866年、エンポリ生まれ）門下の優秀なピアニスト。1928年（昭和3年）に山田耕筰の招きで一度来日を果たしていて、その時が2度目である。

この時（1929年）も山田耕筰の招きで来日するのだけれど、車中は妻や娘を伴っていたので、そのまま長く日本に留《とど》まるつもりだったようだ（のちに東京音楽学校の教壇に立ち、永井進や園田高弘といったピアニストを育てたことは既に触れた）。

康一とシロタは意気投合した。誰とでも仲よくなれるいわゆる「おぼっちゃま気質」（関西弁で言うところの「ええとこのボンボン」）はここでも発揮されている。

帰国後、貴志康一はストラディヴァリウスを引っさげてJOBKの番組に登場。ブルッフ《ヴァイオリン協奏曲第1番》、シューベルト《楽興の時第3番（クライスラー編曲版）》、モーツァルト《ロンド（クライスラー編曲版）》をピアノ伴奏で演奏した。それから上京して、レオ・シロタと再会。山田耕筰や近衛秀麿（この2人は新響設立のあれやこれやで仲違《なかたが》いをしていた）とも交流しているというから、やはり「ボンボン系人たらし」である。

1930年（昭和5年）になると、東京の「ソナタの夕」でレオ・シロタと共演し、「コンチェルトの夕」で近衛秀麿&新響と共演したほか、関西でもシロタとのデュオ・リサイタルをこなした後、夏にはまたシベリア鉄道でヨーロッパに向かって旅立っていった。

貴志康一、ベルリン・フィルを振る

ベルリンに着いた貴志康一の頭の中は、音楽だけではなかった。彼は演劇・映画・文学にも興味を持っていた。

思えば、最初に康一少年の心を捉《とら》えたのは絵画だった。自ら絵筆を取って密《ひそ》かに画家を目指していたのだ。しかし、旧制甲南中学に入ってすぐの視力検査で自分が「色弱」であることが発覚。絵の道を断念した。1921年（大正10年）のことだ。

同じ頃聴いたミッシャ・エルマン（1891年、ウクライナ生まれ）の演奏会でヴァイオリンの魅力に取り憑《つ》かれて、康一少年はヴァイオリンにのめり込むことになる。

ベルリン高等音楽学校に戻った康一は、ヴァイオリン科に籍を置きながらラジオ科の映画音楽の講義にも出席した。作曲科の主任でもあるパウル・ヒンデミット（1895年、ドイツ生まれ）が映画音楽の講義も行っていた。さらにはラインハルト演劇学校の夜間聴講生にもなった。実に忙しいボンボンである。

1931年（昭和6年）一旦帰国し、翌1932年（昭和7年）秋には3度目の渡欧。今度は鹿島丸ではなく筥崎《はこざき》丸に乗っての船旅だ。

ベルリンに着くと、貴志康一はさっそく《ヴァイオリン協奏曲》や《日本組曲》を作曲し、自らの監督・音楽・出演による文化短編映画『鏡』や『春』をウーファ社（康一はこの映画会社に自ら売り込みをかけたのだ）で制作。

１９３４年（昭和９年）には、こうした自作の楽曲や映画を公開するイベント「日本の夕べ」をウーファ・パラストにて開催。このマティネ（昼の公演ながら「日本の夕べ」というタイトルがついている）イベントは日独友好を目的とした事業のひとつとしてウーファ社主催で行われたが、康一は自らウーファ交響楽団を指揮した。

「日本の夕べ」の成功を受けて、今度はベルリン・フィルの「日曜コンサート」に出演する話が舞い込んだ。

彼はドビュッシー《牧神の午後への前奏曲》やリヒャルト・シュトラウス《ティル・オイレンシュピーゲルの愉快な悪戯》といった曲のほか、自ら作曲した《交響曲「仏陀の生涯」》《大管弦楽のための「日本スケッチ」》やマリア・バスカ（ソプラノ）独唱による日本歌曲などを演奏、大成功を収めた。近衛秀麿の雅楽《越天楽》にしてもそうだが、日本歌曲など「日本の魅力」をドイツで披露したことが彼らを成功へと導いた。

山田耕筰や近衛秀麿に次いでベルリン・フィルの指揮台に立った日本人になった康一は、

この前後には大指揮者ヴィルヘルム・フルトヴェングラーと知己を得る一方で、齋藤秀雄といったドイツ留学生組とも親交していた。

翌1935年(昭和10年)、ベルリン・フィルを指揮して自作曲《交響組曲「日本スケッチ」》《大管弦楽のための『日本組曲』より「道頓堀」「花見」》、「日本の夕べ」でも共演したマリア・バスカ(ソプラノ)を迎えて《日本歌曲集～「天の原」「力車」「富士山」「藝者」「赤いかんざし」「花売り娘」「八重桜」「さくらさくら」「かもめ」「風雅小唄」「つばくら」「行脚僧」》をテレフンケン社に録音。これは『貴志康一&ベルリン・フィル～幻の自作自演集』としてCD化されている。

そして、同年春にはさっさと帰国し、JOBKオーケストラ、宝塚交響楽団、新響の指揮台にも立っている。新響とは《第九》や「ヴィルヘルム・ケンプ演奏会」、宝塚交響楽団とは「渡欧告別藤原義江独唱会」といったプログラムで共演。ヴィルヘルム・ケンプ(1895年、ドイツ生まれ)や、のちに藤原歌劇団を作る藤原義江《ふじわらよしえ》(1898年、大阪生まれ)といった人気演奏家とも共演しているところが康一の〝旬な男〟っぷりを示している。

しかし、翌1936年(昭和11年)には康一は盲腸悪化で入院。妹・照子、父・彌右衛門が相次いで死去すると、康一自身も体調を崩して静養生活に入る。

そして、翌1937年（昭和12年）、腹膜炎を悪化させ、心臓麻痺で死去。28歳という若さで、この世を去ってしまった。夭折の天才である。

メッテルと京大オーケストラ

1928年（昭和3年）、京都帝国大学法学部へ進学した朝比奈隆は、音楽部と蹴球部に所属した。ニューヨークのカーネギーホールの指揮台に立った山田耕筰のニュース（1918年）を見て、指揮者になることを夢見ていたのだ。

音楽部にはエマヌエル・メッテルがいた。彼が京都帝国大学の音楽指導者に迎えられたという新聞記事を読んだ朝比奈は、京都帝国大学法学部に進学することを決めたのだ。

京大音楽部、すなわち京大オーケストラの設立は1916年（大正5年）まで遡《さかのぼ》る。あのアウグスト・ユンケルが東京音楽学校にオーケストラを作り始めたのが1899年（明治32年）以降。ほかには軍楽隊くらいしかアンサンブルがなかった頃だ。

しかし、京大オーケストラにはメッテルがいた。

「うまく弾けなかったりすると、あなたたち、これが弾けませんか、小学生でも弾けます、と辛辣《しんらつ》な嫌味を言い、突然ヒステリーみたいになることもあった。のちにわれわれの常任指揮者となったローゼンシュトックの場合、片言の日本語だから愛嬌《あいきょう》がある。でもメッテルは日本語がうますぎた」（『オーケストラ、それは我なり』中丸美繪）

「大変なカリスマなんですよ。優しくしてくれるときは、ものすごくかわいがってくれますが、いきなりカミナリを落とすこともある」（『朝比奈隆　わが回想』朝比奈隆）

前者は元・N響のチェロ奏者・大熊次郎（生年不詳）、後者は朝比奈のメッテル評である。どちらにしろ、やはり雷おやじ系の指揮者だったようだ。

ただ怖いだけではなく、メッテルは朝比奈たちに音楽哲学をも熱心に語った。

「日本はいま文明開化の続きで、西洋の文化を入れるんだ。それにはまずドイツの古典をやれ。だから、ベートーヴェンとかハイドンとか、これはもうオーソドックスなもんです。そしてロシアの国民楽派の革新的な民族意識の強いもの、これはおまえらの将来

の手本である、と」（『朝比奈隆　わが回想』朝比奈隆）

こうしたメッテルの教えを生涯実践したのが朝比奈の指揮者人生である。

さはさりとて、朝比奈はすぐに指揮者になったわけではない。

1931年（昭和6年）、京都帝国大学法学部を卒業後、阪急に入社。電鉄や阪急百貨店での仕事をしていたが肌に合わず辞表を持っていくと、小林一三《こばやしいちぞう》社長（1873年、山梨生まれ）に「音楽がしたいなら、宝塚歌劇場に回してやる」と言われた。が結局、退社の道を選んだ。

この小林一三こそ、阪神間に鉄道を敷き、住宅地を切り開き、人を呼び込んで大きな生活文化圏を作るという「阪神間モダニズム」をクリエイトした男である。今でいうところの、東京湾岸エリアや品川駅前の再開発をする野村不動産や三菱地所のようなデベロッパーの先駆けのような仕事をした人だ。東京には、西武の堤康次郎《つつみやすじろう》（1889年、滋賀生まれ）、東急の五島慶太《ごとうけいた》（1882年、長野生まれ）がいた。なんとも、ダイナミックな時代である。

朝比奈は阪急を退社後、京都帝国大学文学部哲学科に再入学。メッテルの勧めでヴァイオリンの猛レッスンをしていた頃だ。

1934年(昭和9年)には大阪音楽学校(1915年設立/のちの大阪音楽大学)の教壇に立っていたチェリスト伊達三郎《だてさぶろう》(1897年、東京生まれ)に誘われ、同校の講師となる。伊達三郎と「大阪室内楽協会」を立ち上げ、大阪を拠点に演奏活動をスタートした。

指揮者としてのデビューは1936年(昭和11年)2月の大阪音楽学校演奏会(大阪・朝日会館)である。プログラムはホッパー《ハンガリアン・ラプソディ》など。

1937年(昭和12年)にメッテルの代役として京大オーケストラでベートーヴェン《交響曲第7番》を指揮。1938年(昭和13年)に渡米したメッテルに代わり、京大音楽部の指揮者となった朝比奈は、以降、定期演奏会を11回指揮した。

1940年(昭和15年)には東京・日比谷公会堂で新響を相手にチャイコフスキー《交響曲第5番》などを指揮。東京デビューも飾った。

1942年(昭和17年)にはNHK大阪(1926年に東京のJOAK、大阪のJOBK、名古屋のJOCKが合併し日本放送協会=NHKになった)の専属指揮者になり、翌1943年(昭和18年)には、朝比奈はとうとう海を渡ることになる。

「四三(昭和十八)年秋、大東亜省(外務省)の委嘱で、上海交響楽団の常任指揮者となりました。実際は京都出身の声楽家、中川牧三《なかがわまきぞう》さんが文化担当の陸軍中尉で、呼び寄せてくれたんですよ。メンバーはロシア人、イタリア人、ユダヤ人らでした。みんなうまかったですね。ヒットラーやムッソリーニに追い出された連中が上海にたまっていたんです。コンサートマスターはミラノ・スカラ座にいたというイタリア人でした」（『この響きの中に』朝比奈隆）

こうして上海交響楽団の常任指揮者になった朝比奈は、次にハルビン交響楽団の指揮者になった。

終戦はハルビンで迎えた。１９４５年（昭和20年）８月15日はハルビンの楽団練習所でベートーヴェンの《運命》の練習をするところで正午のラジオ放送を聞いたという。

翌１９４６年（昭和21年）10月、朝比奈はやっと博多に辿《たど》り着いた。日本に帰って来たのである。

その年の秋、上京して新響から日本交響楽団に名前を変えたオーケストラを指揮してチャイコフスキー《組曲「くるみわり人形」》を指揮。この模様はＮＨＫより全国放送された。

大阪フィル誕生！

１９４７年（昭和22年）１月、関西で生き残った楽員たち70～80人がＮＨＫ大阪のスタジオに集まり、ドヴォルザーク《交響曲第９番「新世界より」》を演奏。この模様は放送の乗り、このオーケストラが関西交響楽団へと発展していく。

その年の４月、関西交響楽団の第１回演奏会が朝日会館で開かれた。焼け野原になった大阪にポツンと焼け残った朝日会館でのこの演奏会を取材したある新聞記者は、感激して涙が止まらなかったという。

のちの朝日放送社長で、ザ・シンフォニーホールを建てた原清《はらきよし》（１９０７年、宝塚生まれ）である――。

その後もぽつぽつ仕事が入ってくる。これはきちんとしたオーケストラにしなければと朝比奈は京大の先輩で住友銀行頭取・鈴木剛《すずきこう》（１８９６年、広島生まれ）に相談すると、彼は支援を約束し、自ら理事長を買って出たという。

こうして、関西交響楽協会（以下、関響）が設立。関響は演奏会のほか、松竹、大映、東映と劇映画伴奏の契約も結び、黒澤明《くろさわあきら》監督の『羅生門』の劇伴も担当した。

しかし、映画の仕事が忙しくなり、そちら（映画の仕事）に特化した大阪交響楽団に分かれていった。残った関響は、1960年（昭和35年）に「大阪フィルハーモニー協会」を立ち上げる。大阪フィルハーモニー交響楽団（以下、大阪フィル）の誕生である。

1953年（昭和28年）には、朝比奈に海外のオーケストラからのオファーが舞い込んでいた。ヘルシンキ市立管弦楽団である。朝比奈が振る少し前、レオポルト・ストコフスキーが同じオケで軽快にシベリウス《フィンランディア》を振り、不評を買っていた。朝比奈はグッとテンポを落として重々しい《フィンランディア》を振った。観客は足を踏み鳴らして歓迎の意を表した。

朝比奈はイタリアでは、サンタ・チェチーリア音楽院管弦楽団を振り、あの天才ピアニストのグレン・グールド（1932年、トロント生まれ）と共演していた。ベートーヴェン《ピアノ協奏曲第2番》である。グールドは「寒い寒い」を連発していたという。

「小さな音ですが、とても美しい。本番では燕尾服の胸のポケットに小さな湯たんぽを入れていました。グールドさんは前の晩、眠れなかったし、食事も食べられなかったと言っていました」（『オーケストラ、それは我なり』中丸美繪）

そして、朝比奈はグールドにこう言った。

「才能はあるし、ピアノはうまい。だけれど一番いけないのは食べなかったり、寝なかったりすることだ。健康には気をつけなくてはいけない」(『オーケストラ、それは我なり』中丸美繪)

グールドだろうが誰だろうが、心配になったら説教するあたり朝比奈らしくていい。

このあと、1956年(昭和31年)にはベルリン・フィル、1996年(平成8年)にはシカゴ響を振るなど、世界中の主要オーケストラの指揮台に招かれた。

そんな朝比奈の指揮ぶりを、楽員たちはどう思っていたのか。

大阪フィルのトロンボーン奏者、呉信一《ごしんいち》(生年不詳、明石生まれ)はこう語る。

「オッサンは、こまごましたことは言わない。おまえらが吹けばいいんだ、俺は眼の前で踊っているだけだと言っていました。オッサンはベートーヴェン、ブルックナー、ブラームスを指揮するために生まれてきたようなものなんです。N響にしても、新日フィルにしても、オッサンが振れば音が変わって重厚になる。あの風貌、あの顔を見ればそうなるんですよ。指揮ってそんなものではないですか」（『オーケストラ、それは我なり』中丸美繪）

その朝比奈は、近衛秀麿の指揮ぶりをこんなふうに語っていた。

「僕らは職人だと思ってやってますから、楽譜のとおりに忠実にやるのに精いっぱいですが、近衛さんの練習を見てますと、ちょうどマイスタージンガーの第一幕への前奏曲をうちのオーケストラでやっているときのことですが、先生は棒をはっきりお振りにならないで、やっぱり貴族ですから、『そこ、ビオラもうちょっとお弾きくださいまし』とか（笑）、『フリュートはもっとお吹きになっていいんじゃないですか』（笑）とか言ってるんですよ。それで、『バイオリンはちょっとお休みになってもいいんじゃないですか』とかやっているのを三十分ほど見てたんですよ。そうすると、オーケストラが全く違うような形になってくるんです。『いいじゃないですか。もう、できたじゃないですか』とか言って、いつの間にか皆だまされてるんですよね。そういう指揮者は、もういまの世界に存在しない。恐らくニキシュとかフルトヴェングラーとかいう人は、皆そういう人なんですな。バシッと棒を振ってタッタカタッタカとやるんじゃなくて、人間をまず自分の方に引きつけてしまって、それからああだ、こうだと言いながら、命令をしないで自分のちゃんと思うところへもっていく。一種のカリスマですね」(『朝比奈隆わが回想』朝比奈隆)

「オッサン」とは親しみを込めて朝比奈を呼ぶ愛称である。近衛秀麿が「おやかた」で朝比奈が「オッサン」。

こうしてみると、朝比奈自身が語った近衛秀麿、ニキシュ、フルトヴェングラーといった「カリスマ性でオーケストラをドライヴする指揮者」の系譜に、自らも加わっていることが興味深い。

本人に自覚があったのか、なかったのか⁉

ベネチアで映画賞を取ったことのある漫才師が生前の朝比奈のことをTV番組か何かで揶《や》揄《ゆ》していたことがある。あれはみっともない。朝ブルの7番も何もちゃんと聴いたこともないくせに――。

朝比奈隆と大阪フィルのコンビはベートーヴェン、ブルックナーなどを得意とし、朝比奈は自身が亡くなる２００１年（平成13年）まで、同オケの音楽総監督・常任指揮者を務めた。２００３年（平成15年）には、のちに「バイロイト音楽祭」（２００５年）の指揮台にも上がった大植英次《おおうええいじ》（１９５６年、広島生まれ）が音楽監督に就任し、周囲をあっと言わせた。２０１２年（平成24年）に音楽監督を退任し、同オケの桂冠指揮者となった。

ドイツもの中心だった大阪フィルは彼のおかげでレパートリーがグッと広がった。以降、２０１４年（平成26年）～２０１７年（平成29年）には井上道義《いのうえみちよし》（１９４６年、東京生まれ）が首席指揮者、２０１８年（平成30年）からは尾高忠明（１９４７年、鎌倉生まれ）が音楽監督に就任している。

現在、関西には大阪フィルのほか、京都市交響楽団（１９５６年～）、関西フィルハーモニー管弦楽団（１９７０年～）、大阪交響楽団（１９８０年～）、日本センチュリー交響楽団（１９８９年～）、兵庫芸術文化センター管弦楽団（２００５年～）といったプロ・オーケストラがある。

第3章

鋼の師弟

——齋藤秀雄と小澤征爾

ローゼンシュトックがやって来た

１９２７年（昭和2年）、齋藤秀雄はドイツ人妻のシャルロッテを伴って帰国。その翌日、彼の家に近衛秀麿がやって来た。新響に首席チェロ奏者として迎えたいと言う。

齋藤はできたばかりの新響に入団し、１９２８年（昭和3年）の定期演奏会で指揮者としてデビューを飾った。

１９３０年（昭和5年）には再びドイツへ留学。ベルリン高等音楽院にてエマヌエル・フォイアマン（１９０２年、ウクライナ生まれ）にチェロを師事して、１９３２年（昭和7年）、帰国。

齋藤が二度目の渡独で日本を留守にしている間、新響ではちょっとしたクーデター未遂事件が起こっている。このいわゆるコロナ事件によって、新響の運営を不服とする24人の楽員が退団。退団した楽員はコロナ室内管弦楽団（のちの東京放送管弦楽団）を結成して、ＮＨＫの番組に出演した。

１９３５年（昭和10年）、そして新響改組事件。

少し振り返ってみると、１９２５年（大正14年）に日露交驩交響管弦楽演奏会が開催され、そのオーケストラが日響（日本交響楽協会）となったが翌1926年（大正15年）に山田耕筰が去り、新響（新交響楽団）が誕生した。日響から山田耕筰を追い出しオーケストラをまとめたのがマネジャーの原善一郎である。

新響改組事件は、この原が不明瞭な会計処理をしているのではないかと楽員たちが疑い、彼の事務所を外部の委託組織にし、理事会を立ち上げてオーケストラの運営をする旨の改革案をぶち上げたところから始まる（ちょっと前のコロナ事件から火種は燻《くすぶ》っていたのだ）。

これを事実上のオーナーである近衛秀麿も承認した、と新聞に発表したところ、近衛のおやかたがへそを曲げた。「新聞に発表するなんて聞いてない」と。

そして、近衛はこの改革案を「謀反だ！」と糾弾。新響を辞めて別のオーケストラを作ってしまったのだ。

そんな状況のなか、同年にちょうど帰国したばかりの貴志康一を、新響を去ったばかりの近衛秀麿が訪ねて、新響を振るようにアドヴァイスしているところが面白い。近衛は近視眼的に物事を見るのではなく、日本の楽壇全体を見渡しているのが分かる。あるいは何も考えていない、のかも知れないけれど。

近衛が去ってしまった新響は、新たな指揮者を探さなければいけない。

そこへ、ヨーゼフ・ローゼンシュトックが日本行きを承諾した。彼はメトロポリタン歌劇場、マンハイム国民劇場、ベルリンのユダヤ文化協会管弦楽団の指揮者を歴任した大物指揮者である。ナチのユダヤ人迫害にドイツ国内から抜け出すことを考えていたのだ。

１９３６年（昭和11年）夏に来日し、歓迎演奏会を経て、秋の定期演奏会から新響を振り始めた。そこから１９４２年（昭和17年）まで、彼一人ですべての定期演奏会を振った（ローゼンシュトックの棒と近衛が欧州から持ち帰った大量のスコアのおかげで、このオーケストラは飛躍的に成長したのだ）。

ローゼンシュトックもまた、雷おやじ型の指揮者だった。楽員がちょっとでもミスをすると怒って控室に閉じ籠《こ》もってしまう。なだめに行くのは齋藤秀雄の役割である。ドイツ語の話せる齋藤は、ローゼンシュトックの通訳兼アシスタントのような仕事をこなした。

一方で、齋藤はローゼンシュトックから多くのことを学んだ。

メッテルのお守り役をしながら多くのことを学んだ朝比奈隆のように——。

オーケストラ操縦法、楽曲解釈、リハーサルの方法、とりわけ合理的な指揮法はローゼンシュトックから盗んだといっていい。

新響のリハーサルも演奏会も齋藤が指揮台に上がる機会が増えた。

齋藤は楽員から「トウサイ」と呼ばれていた。彼の周りにはそんな彼を慕う楽員が集まった。コンサートマスターの黒柳守綱《くろやなぎもりつな》（1908年、東京生まれ）やチェロの橘常定《たちばなつねさだ》（1911年、東京生まれ）らである。

そんな「トウサイ派」がいる一方、まるで来日当時のローゼンシュトックのようなエキサイティングなリハーサル（いわゆるひとつの雷おやじ系ですね）に反発する楽員も一定数いた。自然と「トウサイ派」「反トウサイ派」ができてしまった。

オーケストラのスキルが向上していくにつれ、ローゼンシュトックの要求もエスカレートしていく。ベートーヴェンやモーツァルトだけ演奏していればいい、というわけではない。リムスキー＝コルサコフ、シベリウス、リヒャルト・シュトラウス、レスピーギ、ヒンデミットと、どんどんレパートリーも多くなる。練習時間も長くなる。齋藤のイライラもどんどん増していく。そんな中、とある定期演奏会が直前でキャンセルになってしまった。管楽器奏者の中で体調不良になる楽員が出たのだ。

1941年（昭和16年）、とうとう齋藤秀雄ボイコット事件が起きた。

「齋藤秀雄氏とは到底いっしょに仕事はしていけないので、オーケストラをやめて欲しいということを本人に要求する」（『嬉遊曲、鳴りやまず　斎藤秀雄の生涯』中丸美繪）

という署名に、ほぼ全員の楽員が署名した。そこまでいわれては仕方がない。

こうして、齋藤秀雄は新響を辞めた。

1942年（昭和17年）になると、齋藤は松竹交響楽団（1941年〜）や東京放送管弦楽団（1931年〜）の指揮台に上がるようになり、山田耕筰らと新京（現・長春）で開かれた満洲国建国十周年記念行事のひとつ「慶祝音楽会」に参加するなどしているうちに、戦火が激しくなり、とうとう終戦を迎えることになった。

桐朋学園ができるまで

オーケストラのごたごたに嫌気がさしたわけではないだろうが、齋藤秀雄の目は新たなフェーズに向いていた。

音楽教育である——。

それも幼児教育が必要だと。音楽への情熱は衰えるどころではなかったのだ。

ちょうど同じ時期、齋藤秀雄と同じことを考えていた音楽家がいた。

ヴァイオリニストの鈴木鎮一（1898年、名古屋生まれ）である。

鈴木バイオリン製造の創業者・鈴木政吉を父に持つ鈴木鎮一は、1946年（昭和21年）、長野・松本に音楽の幼児教育を実践する「松本音楽院」を開設。のちの「才能教育研究会」（スズキメソード）である。ヴァイオリニストの江藤俊哉《えとうとしや》（1927年、東京生まれ）を4歳から指導しているうちに、音楽教育は早ければ早いほど上達することに気がついたのだ。

スズキメソードからは、浦川宜也《うらかわたかや》（1940年、東京生まれ）、大谷康子《おおたにやすこ》（1955年、仙台生まれ）、葉加瀬太郎《はかせたろう》（1968年、吹田生まれ）、三浦文彰《みうらふみあき》（1993年、東京生まれ）といったヴァイオリニストのほか、チェリストの宮田大《みやただい》（1986年、高松生まれ）が育った。

松本音楽院開設の翌々年（1948年）、齋藤秀雄は新進の音楽評論家・吉田秀和《よしだひでかず》（1913年、東京生まれ）や東京音楽学校を退官したばかりのピアニスト・井口基成《いぐちもとなり》（1908年、東京生まれ）らを巻き込んで、東京・千代田区三番町に「子供のための音楽教室」を立ち上げた。

子供のための音楽教室からは、ピアニストの中村紘子《なかむらひろこ》（1944年、山梨生まれ）、江戸京《えどきよう》子《こ》（1937年、東京生まれ）、高橋悠治《たかはしゆうじ》（1938年、東京生まれ）、チェリストの堤剛《つつみつよし》（1942年、東京生まれ）らが育った。

1949年（昭和24年）には、東京音楽学校と東京美術学校が合併して東京藝術大学（以下、東京藝大）ができた。

朝比奈隆も教壇に立っていた大阪音楽学校は、高校開設（1948年）、短大開設（1951年）を経て、1958年（昭和33年）、大阪音楽大学に発展。

戦後の新しい教育制度の中で、ぽつぽつと音楽専門の教育機関ができ始めるのを尻目に、子供のための音楽教室ではソルフェージュ（音楽理論）、特に聴音を幼い子供たちにがっつり教えていた（齋藤秀雄も鈴木鎮一も、音楽の専門教育を始めるのに18歳では遅すぎると考えていた）。

齋藤は、普段の授業が終わると弦楽器の生徒を集めてアンサンブルの練習をした。手の大きい子がいたらチェロを勧め、自らチェロを弾いてアンサンブルに参加することもあった。子供たちにアンサンブルの楽しさを植え付けたのだ。

そして、三ヶ月に一度は音楽会を開いた。人前で演奏することに慣れていなかった彼らにその楽しさを教えた。

とにかく楽器が足りなかった。アップライト・ピアノが2台、グランド・ピアノが1台。齋藤は東京中の楽器店を回って楽器を買い集めた。ある時、銀座のヤマハ楽器にあったファゴット2本を警察予備隊音楽隊（のちの自衛隊音楽隊）が買ったと聞くと音楽隊長の自宅に押しかけて譲ってくれと言い、相手も根負けして貸与してくれることになったりするといった具合だ。

そうこうするうちに、子供のための音楽教室の生徒は当然のことながら成長する。子供が子供ではなくなるのだ。それに応じて受け皿が必要になり、齋藤らはあちこち駆けずり回って桐朋女子高校音楽科（1952年〜）、桐朋学園短期大学音楽科（1955年〜）と次々に開設する。その裏には、三井不動産の江戸《えど》英雄《ひでお》社長（1903年、茨城生まれ）の経済的援助があった。彼は娘たち（京子、純子、涼子）をこの教室に通わせていたのである。

成城学園高校に通っていた小澤征爾は、桐朋女子高校音楽科がスタートすることを聞いて、齋藤から指揮法を学ぶために同校を1年で中退して桐朋女子高校音楽科（音楽科に限り男子生徒も受け入れている）に編入した。

ここから、本格的な師弟関係がスタートする。

小澤征爾、欧州へ旅立つ

小澤は将来、ピアニストになりたいと思っていた。東京音楽学校卒でレオ・シロタの弟子である豊増昇《とよますのぼる》（１９１２年、佐賀生まれ）にピアノを師事していたのだ。小澤家にあるピアノは、横浜の親戚に譲ってもらったもの。父親と征爾の兄２人がリアカーに乗せ、３日かけて横浜から立川まで運んだ中古のアップライト・ピアノだった。

「日本の楽壇のために一つくらい本物のストラディヴァリウスがあってもよいだろう」と、ポーンとストラディヴァリウスを買ってくれる親もいれば、３日かけてリアカーで中古のピアノを運んでくれる親もいる。いうまでもないが親に優劣はない。

しかし、小澤は日比谷公会堂でレオニード・クロイツァーの弾き振りを見てしまった。新響から名前を変えたばかりの日本交響楽団との共演でベートーヴェン《ピアノ協奏曲第５番「皇帝」》を指揮しながら、自らピアノを弾いていた。これを見て、いたく感動した小澤征爾は指揮者を目指すことになる。１９４９年（昭和24年）12月の演奏会なので、子供のための音楽教室誕生の翌年のことだ。

その子供のための音楽教室の第１期生になり、通い始めた成城学園高校をすぐにやめて桐朋女子高校音楽科に編入した小澤だが、男子生徒はたった4人。そのうちの指揮科は、小澤のみ。

こうして、齋藤秀雄とのマンツーマンの師弟関係が始まった。

何度も言うが、齋藤は大人のプロオーケストラ（新響）の楽員たちからボイコットされるくらいの雷おやじ系である。その気質は学生オケを相手にしても変わらず、指揮棒は投げつけるわ、譜面台は蹴飛ばすわの大立ち回り。そして、メッテルやローゼンシュトックのようにその場から立ち去ってしまう。齋藤をなだめに行くのは、（今度は）小澤の役である。

しかしながら、齋藤の指揮法は確かだった。ローゼンシュトックの背中を見て学んだ確かなメソードがあった。

1956年（昭和31年）、音楽之友社より出版された『指揮法教程』で齋藤は「たたき」「しゃくい」「跳ね上げ」などの動作を具体的に解説。その合理的なメソードは海外でも評価された。

指揮科のたった1人の生徒である小澤は、そんな齋藤のアシスタント、あるいは副指揮者のような仕事をこなした。齋藤が不在の際のオーケストラのトレーニング、スコアの下読み、時には自らピアノを弾いての合わせの練習。オペラハウスでいえばコレペティトゥアである。

そして、1955年（昭和30年）、小澤征爾はそのまま桐朋学園短期大学に進学する。

短大生になった年、小澤は日比谷公会堂で行われたシンフォニー・オブ・ジ・エアの公開リハーサルを目の当たりにする。このオケはアルトゥーロ・トスカニーニのために編成されたNBC交響楽団が、彼の引退後も自主的に活動していたオーケストラなのだ。曲はブラームス《交響曲第1番》。小澤はこんな感想を漏らしている。

「日本のオーケストラとは音量も、響きもまるで違う。これが同じオーケストラかと思った」（『山本直純と小澤征爾』柴田克彦）

それから数十年後、同じように小澤征爾のリハーサルを見学し、とある決心をした少年がいた。藤岡幸夫《ふじおかさちお》（1962年、東京生まれ）である。

「中学1年の時に小澤征爾さん&新日本フィルの目白のカテドラルでの第九に行った。親戚の神父様の手引きでこっそりリハーサルを覗《のぞ》く事が出来た。その時のOZAWAの姿に全身鳥肌がたち、当時の指揮者になりたいという気持ちが『絶対指揮者になる!』という強い決心に変わった」(「X」藤岡幸夫SachioFujioka@sacchiy0608　2024/2/11)

さて、シンフォニー・オブ・ジ・エアのリハーサルを目の当たりにした小澤の目は自然と海外へと向き、数十年後の藤岡少年のようにある決意をする。

「やがて短大に進んだ。そして三十三年に桐朋を卒業する直前、桐朋学園オーケストラがブリュッセルの万国博覧会青少年音楽コンクールに参加する話が持ち上がった。ところがオーケストラを連れて行くには資金が意外にかかることがわかり、残念ながら中止するはめになった。その時にぼくは堅い決心をしたのだ。オーケストラがだめなら、せめてぼく一人だけでもヨーロッパに行こうと」(『ボクの音楽武者修行』小澤征爾)

そして、1957年(昭和32年)、桐朋学園短期大学を卒業。
しかし、齋藤は小澤のヨーロッパ行きは「時期尚早」と反対した。

さはさりとて、小澤の決心は固くあちこち駆けずり回って行くうちに支援者が現れた。三井不動産の江戸英雄社長である——。

本書でも再度ご登場いただいた江戸英雄社長（ちょうどその時期、英雄の長女で子供のための音楽教室・第1期生だった江戸京子がフランスに留学中だった）の好意で、三井船舶の貨物船・淡路山丸に乗せてもらえることになったのだ。だが、いっても貨物船だ。おやかた（近衛秀麿）やトウサイ（齋藤秀雄）や関西の少年提琴家（貴志康一）が豪華客船・鹿島丸なのに、だ。満州生まれの歯医者の息子は貨物船なのだ（ただ、このゴリゴリと自ら道を切り開いていくバイタリティこそ小澤の魅力。そして悪戯坊主のようでありながらも人懐っこい人柄が、世界中の楽界のドアをバンバン叩いて行くのだ）。

小澤は大きな貨物船に、富士重工にナシ（話）をつけて借りた新品のスクーター「ラビット号」とともに乗船した。1959年（昭和34年）2月のことである。

ちなみに、海外に日本のスクーターの宣伝をする、というミッションを条件にこのスクーターの貸与を受けたわけだが、同社が提示した細かい条件が面白い。

「一、日本国籍を明示すること。

一、音楽家であることを示すこと。
一、事故をおこさないこと」(『ボクの音楽武者修行』小澤征爾)

小澤は2ヶ月近くかかってフランスのマルセイユに到着し、白いヘルメットに日の丸の鉢巻を締め、ギターを担いでスクーターを疾走させた。行く先々でフランス人たちと交流しながらの長旅である。

ブザンソンを制した24歳

やっとこさパリに着いた途端、小澤は全身でこの街を楽しみ始めた。

「毎日、鼻唄まじりにパリの街をスクーターで回っている。パリほど見物する場所の多い所はほかにはないと思う。毎日毎日がやたらとおもしろい。初めて東京に出て来た田舎の人の気持ちもこんなではないかと思う。モンマルトルへ登り、シャンゼリゼを走り、セーヌの河っぷちで昼寝をした。またブローニュの森を走り、花畑を見に行ったこともある。道ばたでお店を開いているカフェを回ったり、ブドー酒をスタンドでやらかしたり、教会を見て歩いたりもした」（『ボクの音楽武者修行』小澤征爾）

もちろん、楽しんでいるだけではない。

「あと一カ月も遊び回っていたら、タクシーの助手くらいにはなれるかもしれない。しかし四六時中遊び回っているわけでもない。頭の片隅にはいつも音楽のことがあった。それで音楽会にはよくかよった。昼間はバタバタで街を見物し、夜はそれで音楽会にかけつける。こんな奇妙な生活も外国でなければできないだろう」（『ボクの音楽武者修行』小澤征爾）

そして、子供のための音楽教室で同期だった留学中のピアニストの江戸京子（のちに2人は結婚する）にとある指揮者コンクールがあることを知らされる。

ブザンソン国際指揮者コンクールである。

さっそく申し込みをしたが、書類に不備があり締切りに間に合わなかった。ここからが小澤の天衣無縫な性格が幸いする。何とかしてもらおうと、アメリカ大使館に駆け込んだのだ。

「奥まった一室に太ったおばちゃんが坐っていた。このおばちゃんはマダム・ド・カッサといって、その昔、ニューヨークでなんとかいう弦楽四重奏団の第二ヴァイオリンを弾いていたのだそうだ。

ぼくは今までの事情を説明して、

『日本へ帰る前に一つの経験としてブザンソンのコンクールを受けたいのだが、今からなんとか便宜をはかってもらえないだろうか』

と、頼みこんだ。

すると、

『お前はいい指揮者か、悪い指揮者か』

と、聞かれた。

ぼくはでっかい声で、

『自分はいい指揮者になるだろう』

と、答えた。

マダム・ド・カッサはげらげら笑いだした。しかしすぐに長距離電話で、ブザンソンの国際音楽事務所を呼び出して、

『遠い日本から来たのだから、特別にはからって受験資格をあたえてやってほしい』

と、頼んでくれた」（『ボクの音楽武者修行』小澤征爾）

こうして小澤は受験資格を得たわけだが、ここで思い浮かぶのは数十年後の別の指揮者のエピソードだ。

タングルウッド音楽祭のセミナーに参加するに際し、書類審査の段階で不合格になっていた無名の日本人の若者がいた。

佐渡《さど》裕《ゆたか》（1961年、京都生まれ）である――。

その顛末《てんまつ》を佐渡の著書から引いてみよう。タングルウッド音楽祭の事務局長の話だ。

「君の書類には、僕らはまったく興味がなかった。誰も君のことを知らなかったし、履歴書を見ても、みんなが知ってるようなことは一つも書かれていなかったからね。それで、君の書類はゴミ箱に捨てられたんだ。

でも、君はビデオを送ってきた。僕はスタッフから、日本人からビデオが届いていると聞いて、何かカン違いしている指揮者がよくいるだろう？　その類《たぐい》かと思ったんだ。これは、家でウイスキー片手に大笑いできるだろうってね。

家に持ち帰って見たら、別の意味で〝こいつは面白い!!〟と思ったんだよ。それで、オーディションの招待状を送ったというわけさ。それからマエストロ・オザワに、〝ユタカ・サドを知っているか？〟と聞いた。でも、マエストロは知らなかったから、僕が彼に推薦したんだよ。マエストロもビデオを見て興味を持ったようだね。一次審査にパスしたのも、それが理由じゃないかな」（『僕はいかにして指揮者になったのか』佐渡裕）

1987年（昭和62年）の話である。ここに「マエストロ・オザワ」として登場する小澤征爾は、当時、ボストン響とタングルウッド音楽祭の音楽監督の地位にあった。

佐渡裕は晴れてタングルウッド音楽祭の最終審査に合格して小澤やレナード・バーンスタイン（1918年、マサチューセッツ州生まれ）のセミナーに参加できたわけだが、1959年（昭和34年）当時の小澤征爾はどうだったか。

見事、小澤はフランスのブザンソン国際指揮者コンクールで優勝するのだ。

翌１９６０年（昭和35年）、小澤征爾は大西洋を渡ってボストン郊外のタングルウッドでシャルル・ミュンシュのセミナーを受ける。ユタカ・サドのようにブザンソンから「マエストロ・オザワ」への軌跡がスタートしているわけだが、この辺りのことは追って別の章で触れることにする。

蛇足だが、ピアニストのユリアンナ・アヴデーエワ（１９８５年、モスクワ生まれ）は２０１０年（平成22年）の「ショパン国際ピアノコンクール」で当初はＤＶＤ審査（予備予選）で落とされていた。不審に思った審査委員が調査に入り、追加で数名のコンテスタントが予選に進んだというエピソードもある（アヴデーエワはそこから優勝した）。

友よ、本気で望むものがあったら簡単に諦めてはイケナイ。

華麗なる齋藤門下生たち

なんだかんだいってもトウサイの功績は大きい。指揮棒が飛んで来ようが、指揮台が蹴られようが。

小澤征爾のほかにも齋藤秀雄の門下生（指揮者）は、岩城《いわき》宏之《ひろゆき》（１９３２年、東京生まれ）、山本直純《やまもとなおずみ》（1932年、東京生まれ）、飯守泰次郎《いいもりたいじろう》（1940年、満州生まれ）、秋山和慶《あきやまかずよし》（1941年、東京生まれ）、井上道義、尾高忠明、円光寺雅彦《えんこうじまさひこ》（1954年、東京生まれ）、高関健《たかせきけん》（1955年、東京生まれ）、大友直人《おおともなおと》（1958年、東京生まれ）といった個性派揃いだ。スター揃いといってもいいかも知れない。

直接、齋藤の指導を受けていない桐朋学園大学の卒業生でも、山下一史《やましたかずふみ》（1961年、広島生まれ）、沼尻竜典《ぬまじりりゅうすけ》（1964年、東京生まれ）といったメンツがいる。実に豪華だ。

話を戻すと、齋藤秀雄は桐朋学園に飽きたらず他校でもオーケストラを組織していた。たとえば大阪の相愛学園。関西エリアだと、神戸女学院と相愛学園という宗教系の2校が戦前から音楽教育を行っていた。宝塚交響楽団の指揮者ヨーゼフ・ラスカは神戸女学院で教鞭《きょうべん》を執りながら、JOBKのラジオ番組に出演していたのだ（ラスカ、宝塚交響楽団、神戸女学院、JOBKと関西楽界に欠かせないキーワードが並ぶ）。

そして、東京の自由学園。齋藤は自由学園を毎週日曜日に借りて齋藤秀雄教室を開いていたのだ。自由学園には戦後、高崎市民オーケストラ（のちの群馬交響楽団）の立ち上げに加わったのち東京に帰ってきた指揮者・作曲家の山本直忠《やまもとなおただ》（1904年、東京生まれ）が男子部と小学部で音楽を教えていた。

直忠は幸田延にピアノ、近衛秀麿に指揮を学んだ音楽家で、ドイツに留学後、東京高等音楽学院（のちの国立音楽大学）の教壇に立っていた（ここでも幸田延、近衛秀麿、国立音楽大学と東京の楽界に欠かせないキーワードが並んでいる）。

その直忠の息子が山本直純である――。

山本直純は自由学園の男子部に在籍しながら、齋藤に指揮を学んでいた。くだんの齋藤指揮教室である。

山本直純――。「大きいことはいいことだ～」と歌いながら、箒《ほうき》のような筆でバケツに入った墨汁でダイナミックに習字をする髭面《ひげづら》のおじさんのTV・CMを覚えている方は覚えていると思う。知らない人はまったく知らないだろうけど。チョコレートのCMだったと思う。『オーケストラがやって来た』という人気TV番組にも出ていた。

そして、コーヒーのCMにも人気指揮者が出演していた。

違いがわかる男、岩城宏之である――。

JOAKやJOBKといったラジオ放送で聴かれていたクラシック音楽を、いよいよお茶の間（死語ですかね？）の中心にでんとましますTVで見る時代に入っていくのだ。

第4章は、岩城宏之や山本直純、そして、第5章で井上道義の話をしよう。

第4章

違いがわかる男と大きいことはいいことだ

――岩城宏之と山本直純

オルゴールとオーケストラの少女

１９５２年（昭和27年）、小澤征爾と同世代の若き指揮者の卵が、東京藝大の作曲科に入学した。

山本直純である。あの眼鏡にひげの明るいおじさんだ。

「子どものころ、オルゴールにひかれ、あのうるわしい音色はいったいどうしてつくられるのだろうか、もしや箱の中には、可愛らしい小人たちが、何か不思議な楽器をあやつり、妙なるメロディーを奏でているのではあるまいか、と思ったことがある。テレビのなかった時代であったから、ラジオや蓄音器が身近な発音体であった。そしてこれらの中にも、オーケストラや歌い手たちが小さくなって隠されていて、指揮者もまたひげの生えた小人になって、それを指揮しているのではなかろうか、と思っていた」（『オーケストラがやって来たが帰って来た！』山本直純）

こうして音楽の魅力に目覚めた直純の家は、いわゆるひとつの音楽一家。弟２人はパーカッション奏者とファゴット奏者、妹はオルガニスト。

父親の山本直忠が指揮者・作曲家で、高崎市民オーケストラの立ち上げに加わったのち東京に帰ってきて自由学園で音楽を教えていた話は前章で触れたが、直純はこの自由学園で実に3歳の頃から音楽の基礎教育を受け始めていた。ここで彼は絶対音感を獲得しているのだ。

同時期に、自由学園で学んでいた仲間には林光《はやしひかる》（1931年、東京生まれ）や三善晃《みよしあきら》（1933年、東京生まれ）がいた。ともに日本を代表する作曲家だ（林光も東京藝大の作曲科、三善晃は東大仏文科からパリ国立高等音楽院）。子供のための音楽教室もタジタジである。


「ナオズミの親父さんは、戦前の有名な指揮者だった。ナオズミは物心ついたときから、完全な音楽教育をうけていた。ピアノはパラパラ弾けるし、バイオリンでもトランペットでも、何でもござれ、なのだ」（『森のうた』岩城宏之）

この回想を書いたのは、山本直純と同い年（1932年生まれ）の指揮者・岩城宏之である（直純は前年、藝大受験を失敗しているので学年は岩城の方がひとつ上だ）。

彼は彼で、こんな回想をしている。

「ヨーロッパが音楽の本場であるのは百も承知でも、当時は夢のまた夢みたいな遠い別世界で、こういったアメリカ映画が、有名な音楽家の演奏ぶりを見ることのできる、唯一のチャンスだった。

ぼくにとっての最大の極めつきは、『オーケストラの少女』である。

この映画は、戦前に封切られたものらしいが、ぼくは高校二年の時に見た。新宿文化劇場だった。あの映画館で、映画好きのぼくは育ったようなものだ。ジャン・コクトーの『悲恋』は、四日連続七回、『未完成交響楽』も、朝から晩まで坐り込んで、一枚の切符で何度も、何度も観たのだった。

『オーケストラの少女』を観たあと、四谷の家に帰るため、都電の停留所にボヤーッと立っていた。雨がじとじと降って寒い夜だったが、余りにも感動し、夢遊病者のようにつっ立っていて、何台も乗りそこなった。

そうだ、あの時ぼくは自分の人生を決めたのだった。今に音楽家になろう。

ストコフスキーの白髪のうしろ姿、特にクライマックスの時の美しいポーズ、ディアナ・ダービンの椿姫乾杯の歌の、コロコロ転がる声の魅力。ぼくはただもう、ため息ばかりついた。どうしても音楽家になるんだ。

そして音楽家になった。ストコフスキーのせいである」(『楽譜の風景』岩城宏之)

岩城は東京藝大の器楽科(打楽器専攻)、直純は作曲科の学生。この2人は同じ上野のキャンパスでいつしか親友になった。2人とも指揮者になることを夢見ていたのだ。

ここで、東京藝大出身の指揮者を羅列しときましょうか——。

山田一雄《やまだかずお》(1912年、東京生まれ)、渡邉暁雄《わたなべあけお》(1919年、東京生まれ)、外山雄三《とやまゆうぞう》(1931年、東京生まれ)、若杉弘《わかすぎひろし》(1935年、東京生まれ)、小林研一郎《こばやしけんいちろう》(1940年、いわき生まれ)、金昌国《きんしょうこく》(1942年、大阪生まれ)、小泉和裕《こいずみかずひろ》(1949年、京都生まれ)、松尾葉子《まつおようこ》(1953年、名古屋生まれ)、大野和士《おおのかずし》(1960年、東京生まれ)、山田和樹《やまだかずき》(1979年、秦野《はだの》生まれ)、沖澤《おきさわ》のどか(1987年、青森生まれ)。

炎のコバケン(小林研一郎)から世界のヤマカズ(山田和樹)まで、豊富な人材を輩出しているのが分かりますね。そんな東京藝大で、岩城と直純はともに副科で渡邉暁雄に指揮を師事し、学生オーケストラを組織して自主公演を行い、交代で指揮をした(時にはN響の演奏会に2人して潜り込んでタダで演奏を聴いていたとか)。

直純は東京藝大に入ってからも齋藤の指揮教室に通っていた。そこには桐朋学園短期大学に入った小澤征爾もいた。そして、直純は岩城宏之も齋藤の教室に誘った。

一方、器楽科の岩城は、１年生の時から近衛管弦楽団の現場に出入りするようになっていた。ティンパニー奏者としてである。学校の授業にはほとんど行かず、トラ（プロのオケのエキストラの仕事）や学生オケの運営（あるいは恋愛も）で忙しくしていた。指揮の方は、齋藤の指揮教室と渡邉暁雄の東京・音羽の豪邸（渡邉は義父である鳩山一郎《はとやまいちろう》宅に夫婦で同居していたのだ）へ押しかけて個人レッスンをしてもらっていた。

そうこうするうちに、岩城は日本一大きなオーケストラにも出入りするようになる。

Ｎ響である──。

Ｎ響の世界一周演奏旅行

近衛秀麿の作った新響（新交響楽団）はやがて日本交響楽団となり、１９５１年（昭和26年）にはＮＨＫ交響楽団に改称した。

Ｎ響初代事務長の有馬大五郎《ありまだいごろう》（１９００年、神戸生まれ）は戦前、ウィーン国立音楽院で声楽を学び、東京高等音楽院（山本直純の父親・山本直忠もここで教えていた）で教鞭を執りながら新響の運営に加わっていた。そんな有馬に気に入られた岩城は、東京藝大4年生の時、N響の指揮研究員になった。1954年（昭和29年）9月（欧米のオーケストラに倣って新しいシーズンは9月スタート）のことだ。

1956年（昭和31年）には、岩城はN響の特別公演の指揮台に上がり、チャイコフスキー《交響曲第6番「悲愴」》を振ってデビューを飾った。

そして、1960年（昭和35年）、NHKの放送開始35周年を迎えた。近衛秀麿と山田耕筰が指揮したJOAKオーケストラの演奏が電波に乗ってから35年たったわけだ。

その放送開始35周年を記念するイベントとして敢行された「NHK交響楽団世界一周演奏旅行」に岩城も同行した。

指揮者は、常任指揮者のヴィルヘルム・シュヒター（1911年、ドイツ生まれ）に加え、外山雄三、岩城宏之、ピアニストの園田高弘、松浦豊明《まつうらとよあき》（1929年、豊中生まれ）、中村紘子、チェロの堤剛といった若手中心で編成された。

園田32歳、松浦31歳、外山29歳、岩城28歳、中村紘子は16歳――。

そんな中、岩城はモスクワ（チャイコフスキー・ホール）でチャイコフスキー《交響曲第5

番》《ピアノ協奏曲第1番》（ピアノは松浦豊明）、ウィーン（ムジークフェラインザール）で《オーストリア、日本両国国歌》、ヨハン・シュトラウスⅡ世《美しく青きドナウ》、プラハ（スメタナ・ホール）でドヴォルザーク《チェロ協奏曲》（チェロは堤剛）、ミュンヘン（ドイツ美術館会議場）でベートーヴェン《ピアノ協奏曲第4番》（ピアノは園田高弘）と大胆不敵なプログラム（モスクワでチャイコ、ウィーンでドナウ、プラハでドヴォ、ドイツでベートーヴェンですよ）で地元の観客から喝采を浴びた。

もちろん、これらの模様はその都度NHKのTVで放送されたわけだが、ティーンエイジャーだった中村紘子がロンドン（ロイヤル・フェスティバル・ホール）で着物姿でショパン《ピアノ協奏曲第1番》を演奏する姿は、日本の戦後復興を象徴する出来事として人々の印象に強く残ったようだ（私はまだ生まれてませんが）。

岩城の溌剌《はつらつ》とした音楽性が現地でも評価されたのか、岩城宏之もあのベルリン・フィルに招かれることになった。1963年（昭和38年）、今度はベルリン・フィルを振ってチャイコフスキーを演奏した（N響デビューもチャイコだった）。

1970年（昭和45年）には、岩城は大阪の万国博覧会・開会式でN響を指揮した。

この頃には、すっかりN響の顔となっていたのだ。小澤征爾は海外で活躍、山本直純はT

Vで活躍、岩城宏之はN響の顔ということだ。

岩城宏之はその後、札幌交響楽団（以下、札響）、オーケストラ・アンサンブル金沢にも心血を注ぎ、晩年にはベートーヴェン全交響曲を1日で指揮するという「ベートーヴェン・振るマラソン」を2回（2004年と2005年）、東京文化会館と東京芸術劇場で行っている。

話を戻すと、日本を代表するオーケストラのN響が世界一周演奏旅行に出て成功を収めたその2年後（1962年）、今度は海外で活躍（！）の小澤征爾がN響と大きく関わることになるが、その前に小澤が重要な人物と矢継ぎ早に出会っていくという、ワクワクするエピソードを語ろう。

タングルウッドからベルリンへ

1960年（昭和35年）、前年にブザンソン国際指揮者コンクールで優勝した小澤征爾は、アメリカに飛び、ボストン郊外のタングルウッド音楽祭でシャルル・ミュンシュのレッスンを受けた。

「ブザンソンでのコンクールの時に、ぼくはボストン交響楽団の指揮者シャルル・ミュンシュ先生と知り合いになった。ぼくはミュンシュ先生の音楽が好きなので、その時、『先生、教えてください』

と、お願いしておいた。

それで、ぼくは機会があったら、大西洋を越えてアメリカに渡り、ミュンシュ先生に教えを乞う機会を見つけるつもりでいた。そうしたら、ヴォイス・オブ・アメリカのヨーロッパ特派員が、

『ぼくの知り合いのクーセヴィツキー未亡人に君を招くように言ってやる』

と言って、手紙を出してくれた。すると、本当にクーセヴィツキー未亡人から招待状が来て、ぼくはボストン交響楽団のタングルウッド音楽祭に出席することになった。そこでミュンシュ先生の弟子となるためのコンクールを受けるのだ」（『ボクの音楽武者修行』小澤征爾）

クーセヴィツキー未亡人とは、ミュンシュの前任のボストン響・常任指揮者、セルゲイ・クーセヴィツキー（１８７４年、ロシア生まれ）の未亡人。夫はタングルウッド音楽祭の音楽

監督も務めていたが、彼女こそボストン楽界・陰のドンなのだ。

これこそ、誰とでも友達になってそこから世界中に向けてどんどん繋がっていく小澤征爾の人懐っこさ全開のエピソードである。

ここで小澤はミュンシュのレッスンを受けるコンクールにパスし、音楽祭の青少年オーケストラを振るチャンスも得た。5回も、だ。

さらには、音楽祭の終わりにクーセヴィツキー大賞も受賞している。この大賞の第1回目の受賞者はレナード・バーンスタインで、ミュンシュも、クーセヴィツキー未亡人も、「バーンスタインに会え」と小澤にアドヴァイスするのだ。

9月に入ると小澤はパリ経由でベルリンに入った。バーンスタインに会うためである。


「当時、バーンスタインは世界一周の演奏旅行をしている途中で、ベルリンにいた。それでぼくも意を決して、ベルリンへすっ飛んだ。バーンスタインに初めて会ったのは、ベルリン音楽祭のパーティの時である。その時にはすでにぼくに関するいろいろのニュースが耳に入っていて、ぼくのことをよく知っているのには驚いた。おかげでぼくは初対面の人のような感じがせず、気らくに話すことができた。そればかりでなく、パーテイが終わってから、ぼくとバーンスタインはバーめぐりをやり、音楽家としての生き方、オーケストラ談義などを長々とかわし、夜のふけるのも忘れた。その時にはすでにぼくがニューヨーク・フィルハーモニーの副指揮者になることが内定していたのだそうだが、こっちはそんなことは知らないから、初めは音楽知識のテストを受けているのではないかと思った。しかし、そんなこともすぐに忘れて、ぼくたちは肝胆相照らしたのだった」（『ボクの音楽武者修行』小澤征爾）

この時のベルリン滞在では、さらに重要なエピソードがあった。

帝王ヘルベルト・フォン・カラヤン（1908年、ザルツブルク生まれ）との出会いである。

「当時カラヤンも重要な音楽祭をいくつかやっていた。ぼくもその後カラヤンのレッスンをオーケストラつきで受けられるようになったのだが、そのコンクールのことを話そう」（『ボクの音楽武者修行』小澤征爾）

この後、『ボクの音楽武者修行』ではコンクールのエピソードが続くが、このコンクールにパスして小澤は週に1回の割合でベルリンでカラヤンのレッスンを受けるようになる。

そして、1961年（昭和36年）2月、小澤もついにベルリン・フィルを振ることになった。ベルリン音楽大学で行われた「日独修好100年記念行事」のコンサートで、モーツァルト《交響曲第28番》などを振ったのだ。

同年（1961年）4月にはニューヨーク・フィルの副指揮者になった。

ブザンソン、タングルウッド、ベルリンと駆け回り、ミュンシュ、バーンスタイン、カラヤンと世界的な指揮者と次々に出会い、ニューヨーク・フィルの副指揮者として凱旋《がいせん》帰国を果たす。

しかし、日本には強面の音楽家たちが彼を待っていた。

N響事件

スクーターと一緒に貨物船に乗ってヨーロッパへ向けて出航してから、2年2ヶ月ぶりの帰国である。1961年（昭和36年）4月のことだ。

意気揚々と凱旋した小澤征爾を待っていたのは、N響が彼をボイコットするというショッキングな事件だった。

帰国してすぐ、小澤はニューヨーク・フィルの日本公演（東京文化会館の杮落《こけら》とし公演）で、黛敏郎《まゆずみとしろう》《饗宴》を振った。アメリカ初演も小澤が振ったのだ。同年（１９６１年）６月には日本フィルハーモニー交響楽団（以下、日フィル）の定期演奏会に登場し、チャイコフスキー《交響曲第５番》などを振っている。

そして、Ｎ響だ。

話を整理すると、まずは小澤がＮ響とのリハーサルに遅刻した。それから、東南アジアツアーに出かけた先のフィリピン・マニラでの演奏会当日、小澤は体調不良を理由に当日のゲネプロ（通し稽古）をキャンセル。そして、その夜の本番でベートーヴェンを振っている時、ミスを犯してしまう。

「フィリピンでベートーヴェンのピアノ協奏曲第一番を演奏した時、現地のピアニストが弾くカデンツァの途中で、僕はうっかり指揮棒を上げてしまった。オーケストラが楽器を構えた。だがカデンツァはまだ続いている。僕のミスだった。終演後、先輩の楽員さんに『おまえやめてくれよ、みっともないから』とクソミソに言われて『申し訳ありません』と平謝りするしかなかった。

僕には全然経験が足りなかった。ブラームスもチャイコフスキーも交響曲を指揮するのは初めて。必死に勉強したけど、練習でぎこちないこともあっただろう。オーケストラには気の毒だった」（『おわらない音楽　私の履歴書』小澤征爾）

11月の定期演奏会の後、N響の幹部がミーティングをし、「今後、小澤氏の指揮する演奏会、録音演奏には一切協力しない」とする旨が事務局に通達された。

これにより、同年12月の東京文化会館での定期演奏会はキャンセルされた。前代未聞の大事件である。

その夜、小澤は年末恒例の《第九》をN響と演奏する予定だったのだ。

これが、小澤征爾、N響事件である――。

そんな小澤征爾に味方した作家の井上靖《いのうえやすし》（1907年、旭川生まれ）、三島由紀夫《みしまゆきお》（1925年、東京生まれ）、大江健三郎《おおえけんざぶろう》（1935年、愛媛生まれ）、評論家の中島健蔵《なかじまけんぞう》（1903年、東京生まれ）、作曲家の武満徹《たけみつとおる》（1930年、東京生まれ）、黛敏郎（1929年、横浜生まれ）、團伊玖磨《だんいくま》（1924年、東京生まれ）、演出家の浅利慶太《あさりけいた》（1933年、東京生まれ）といった文化人たち22人が発起して、「小澤征爾の音楽を聴く会」を日比谷公会堂で行った。１９６３年（昭和38年）１月のことだ。

小澤は日フィルを相手に、ドビュッシー《牧神の午後への前奏曲》、シューベルト《未完成交響曲》、チャイコフスキー《交響曲第５番》を振った。

開演前、井上靖が壇上でこう挨拶したという。

「私たちは小澤君の情熱と才能を愛するものです。小澤君への誤解は新しい時代に対する誤解にほかならないのではないか。紛争を解決することはできないが、小澤君に思う存分、腕をふるってもらいたいと思いこの音楽会を開いた」（『小澤征爾　覇者の法則』中野雄）

この演奏会の前売りチケットは2時間で売り切れ、１０００人近い聴衆が開演を待って行列を作るという大盛況だった。

さて、半世紀以上たった今、このN響事件を眺めてみると、小澤征爾、N響、それから小澤のために音楽会を開いた当時の文化人にいたるまで、それぞれが、それぞれの矜持《きようじ》を持って事に当たっていたと思える。そして、それぞれの株を上げる結果にもなっている。もし、妥協をしたまま年末の定期演奏会（第九）が開かれていたら、その後の小澤征爾の在りようも変わっていただろうし、N響もここまでのオーケストラになっていなかったかも知れない。ま、たられば、ですけどね。

でも、リハに遅刻したり、本番で振り間違えちゃだめですよ。やっぱり。いくらカラヤンやバーンスタインに可愛がられたとしても、だ。

日フィル改組事件

N響にボイコットされた小澤征爾をあたたかく受け入れた日フィルとは、どんなオーケストラなのか。

１９５６年（昭和31年）に日フィルは文化放送（東京のラジオ局）の専属オーケストラとして設立された。創立指揮者は東京藝大で岩城宏之や山本直純を指導した渡邉暁雄である。

１９５９年（昭和34年）フジテレビが開局すると、文化放送とフジテレビの専属オーケストラになった。ＮＨＫにはN響、ラジオ東京（のちのＴＢＳ）には東京交響楽団（東宝交響楽団から改名／以下、東響）、大阪の朝日放送にはＡＢＣ交響楽団（近衛管弦楽団から改名）、そして文化放送＆フジテレには日フィルと、各放送局が専属オーケストラを持つ時代がやって来ていた。

１９６２年（昭和37年）４月には、読売新聞社、日本テレビ、読売放送の３社が読売日本交響楽団（以下、読響）を設立。群雄割拠の様相を呈してきた。

１９６４年（昭和39年）の東京オリンピックの記念文化事業として、翌１９６５年（昭和40年）に東京都交響楽団（以下、都響）が設立。

ちょっとした間に、東京は多くのプロ・オーケストラを抱えるクラシック王国になった。ただ、オーケストラが増えすぎたのだ。

１９７２年（昭和47年）６月、フジテレビと文化放送が日フィルの援助を打ち切り、財団法人としての日フィルが解散した。

日フィルはＮ響事件でダメージを負った小澤征爾をあたたかく迎え入れ、１９６８年（昭和43年）からは首席指揮者を任せていたオーケストラだ。

１９６６年（昭和41年）に日フィルの楽員は文化放送の社員から嘱託に身分が変わっていた。それゆえ「日本演奏家団体協議会」という労働組合を組織して労使交渉をスタートさせた。

小澤征爾も山本直純も労使の話し合いに参加していたが、組合員と非組合員に分かれて紛糾してしまうのだ。

「意見がまとまらない中、直純が小澤に『おい、どうする?』と尋ねると、小澤は『頼む、誰々を押さえてくれ』と答えた。

その人たちを押さえて、新しい〝小澤征爾のオーケストラ〟を作ることになったのだ」（『山本直純と小澤征爾』柴田克彦）

こうして、日フィルの3分の1の楽員が小澤征爾の元に集まり、新日本フィルハーモニー交響楽団（以下、新日フィル）が立ち上がった。1972年（昭和47年）7月のことだ。残った楽員は、自主運営としての日フィルで活動を持続。

これが、いわゆる日フィル改組事件である——。

その後、日フィルと新日フィルはどうなったのか。それぞれ2つのオーケストラの次期エースとなった（小澤とも岩城とも直純とも違う）個性的な2人の指揮者の話を次の章で触れることにする。

さて、話を少し戻そう。

岩城は東京藝大4年生の時、N響の指揮研究員になり、その後中退するのだけれど、直純の方は東京藝大の指揮科に移って正式に渡邉暁雄の弟子になっていた。

そして渡邉が日フィルの定期演奏会を振り、直純がラジオ番組「東急ゴールデンコンサート」というポップス系のコンサートを振った。ポップス系の曲をオーケストラ版に編曲するのは直純の仕事である（いわゆるアレンジものだ）。直純はこの頃、アレンジもののほか、CMソング、映画やドラマの劇伴の作曲などクラシック音楽以外のフィールドでの仕事がバンバン舞い込んでいた。

1972年10月、そんな山本直純をお茶の間（！）のスターにするTV番組がスタートする。

「オーケストラがやって来た」である。

TBS系列で毎週日曜日の昼間に放送されたこの番組の司会は、山本直純。番組提供は電電公社（のちのNTT）。番組で演奏するオーケストラはできたばかりの新日フィル。

お手本になったのはバーンスタインがアメリカで出演している「ヤング・ピープルズ・コ

ンサート」である。バーンスタインがＭＣを務めるこの番組は、彼がオーケストラの指揮をし、時にはピアノを弾いて楽曲の解説をする。

山本直純は、バーンスタインさながらに構成、ＭＣ、編曲（東急ゴールデンコンサート等のアレンジものの経験が生かされた）、演奏を担当し、小澤征爾もたびたび番組に出演した。

翌１９７３年（昭和48年）には小澤征爾はボストン響の音楽監督に就任。それでも小澤は日本に帰って来るたびにこの番組に出演し、ピアノを弾いたり、時にバーンスタイン本人を番組に登場させたりしていた。

「戦後復興期の日本で音楽教育を受けた後、世界を舞台に駆け続ける指揮者。たびたびゲスト出演したテレビ番組『オーケストラがやって来た』や、ボストン交響楽団の来日公演などを見て、佐渡は子供のころから小澤の指揮に憧れていた」（「産経ＷＥＳＴ」２０１５／10／3）

のちにタングルウッド音楽祭で小澤のレッスンを受けることになる佐渡裕だ。そして、こう続ける。

「僕らの世代で、小澤先生の影響を受けていない音楽家はいないでしょう。だからこの世代に指揮者も多い。音の神様にとりつかれたみたいに音楽の世界に入り込んでいく小澤先生が、世界を舞台に外国のオーケストラに向き合って、力強く、さっそうと指揮する姿が本当に格好良かった」（「産経ＷＥＳＴ」２０１５／10／３）

そんな番組「オーケストラがやって来た」は、１９８３年（昭和58年）まで約10年以上も続いたのである。

「オーケストラがやって来た」が起爆剤となって、１９６６年（昭和41年）には「題名のない音楽会」（テレビ朝日系）、１９８０年（昭和55年）には「Ｎ響アワー」（ＮＨＫ教育）がスタートするなど、クラシック音楽を家庭で気軽に楽しむ環境が整った。

前の章でも触れたが、山本直純が「大きいことはいいことだ〜」と歌うチョコレートのＴＶ・ＣＭのほか、岩城宏之が「違いがわかる男・岩城宏之」というナーレーションに乗せてコーヒーを飲むＴＶ・ＣＭも放送されていた。ついでにいうと、ピアニストの中村紘子もカレーのＴＶ・ＣＭに出演するなど、クラシック音楽のスターがＴＶという媒体を最大限に活《い》かしてクラシック音楽そのものをアピールしていた頃だ。

高度経済成長のさなか、ヤマハやカワイのピアノも売れた（このあたりは拙著『日本のピアニスト』に詳しい）。ピアノ教室やヴァイオリン教室も全国にできた。音楽大学も出揃っていた。つまりは、のちのオーケストラのプルトに座る楽員たちがこうした環境で順調に育っていたということだ。

「N響アワー」は2012年（平成24年）までOAされ、それから「ららら♪クラシック」にリニューアル。そして、「クラシック音楽館」に衣替え（2013年）。

「題名のない音楽会」は佐渡裕、ヴァイオリニストの五嶋龍《ごとうりゅう》（1988年、ニューヨーク生まれ）、東京藝大声楽科出身の歌手、石丸幹二《いしまるかんじ》（1965年、新居浜生まれ）が歴代の司会を担当。山田和樹やピアニストの角野隼斗《すみのはやと》（1995年、八千代生まれ）など旬な音楽家も多く出演している。

さて、次の章は日フィルと新日フィルの次期エースの話だ。

第5章

炎のコバケンとみちよし先生

涙の第九と十四歳の決意

「震えが走り、立っていられないような感動に襲われていた。ラジオから流れるオーケストラの演奏は、まるで天からの声であった。メロディが幾重にもからみ合い、うねり続けながら、いつしか奔流となり、光となり、合唱が荘厳な響きをあふれさせた時には、涙があふれ息がつけなかった。

十歳の時、ベートーヴェン『第九交響曲』との出会いである。

遠くおぼろげな記憶の中で、しかし、この時の鳥肌の立つような感動は、昨日のように今も鮮やかによみがえってくる。その時僕は、子供心ながらに決心した。無からこんな偉大なものを作ることができる世界こそ、自分が生涯を賭ける値打ちのあるものだ。作曲家になろうと……」（『指揮者のひとりごと』小林研一郎）

炎のコバケンこと小林研一郎は、ラジオから流れてきた《第九》にやられてしまったのだ。そうかと思えば、何やら世界の美しさに気がついた少年もいる。

「それまで僕は、自身がやりたいことをできなかった母の身代わりか、贅沢にいろいろなチャンスは与えられていても、適当にしていただけでした。英語や数学の個人教授、ピアノ、バスケットボール部、演劇部、ドラムたたき、ウクレレ、スキー。一番好きだったのはバレエ！　でも、当時の友達は、『ミッキーは目立たなかった』と言います。確かに可もなく不可もない『お坊ちゃん』でした。

それがある日一変した。羽振りはいいがアル中で大嫌いだった父親が、『ボウズ、高校には自費で行け！』と言い放った。『義務教育は中学までだからナ』。慌てた。冷水を滝のように浴びせられた感。母いわく、『正義さん（父）の本心はあなたに授業料を出す理由を持ってこさせたいわけよ。彼は移民だった両親の崩壊した生活を支え、禁酒法時代のシカゴで怪しげなアルバイトをしながら大学を首席で卒業した人よ』『えっ？あの飲んだくれの親父が？』

それからの二ヵ月、勉強もせず考え続けた。百余りの可能性を書いては消しての消去法。その結論が『指揮者というものに向かって死に物狂いで挑戦する！』だった。それまでの自分の蓄積も最大限活かし、予感した長生きにも耐える目標だと。でも『指揮者という職業』に僕の性格は向いていないと今でも思う。僕は職業を選んだのではなく、自分を最も生かせる世界を考えた。十四歳の決心だった。さて今、それを肯定できるだろうか？」（『降福からの道』井上道義）

井上道義は、この少し前に世界の美しさに気がついてしまっている。「指揮者というものに向かって死に物狂いで挑戦する！」という十四歳の決心へと至る、十三歳の道義少年の告白を聞こう――。

「僕は指揮者になろうと決めて五十年やってきて『今』を迎えていますが、十三歳までは指揮なぞ考えもしませんでした。どんな人でも、可能性いっぱいの子供時代を経て、何らかの名の付く『しごと』＝役目を持って生きるのが近代の『普通』の人生です。演歌歌手、寿司職人、農業を営む人、通訳、誰かの妻、指揮者……。何も役目のない人間は仙人などと名付けるのかもしれません。蟻や貝や鳥のように『ただの人間』を演じるのは大変困難でしょう。

思い出すことがあります。パリで、美しい蝶と蛾（さらに美しかった）が交互に何匹も並べられ、その横に、いくつかの貝殻（一見違いなく見えるが実は分類学的には遠い種類の）が並べられている小さな展覧会を見た時、僕の目から鱗《うろこ》と涙が落ちたのです。全ては名付ける側＝人間側のたぶん文化と呼ぶものの中の問題にしか過ぎない、と。

音楽だけでなく多くの芸術作品、いえ全てのモノは、語られず、打ち捨てられたように扱われれば、人は価値を見出せない。僕自身、十三歳まで『世界の美しさ』を全くわかっていませんでした。ある日突然、学校の朝礼時に、《空は青い＝美しい、木々は緑＝すがすがしい、同級生の女の子＝魅力的だ》と滝に打たれたように感じ、同時に、そんな肯定的な感覚を死ぬまで持ち続ける人間になりたいと願った。滝の側になりたい。何か生命力をぶちまける滝となっていきたいと」（『降福からの道』井上道義）

《第九》を聴いて涙した少年と、世界の美しさに気づいて滝に打たれたように感じ、滝の側になりたいと思った少年は、ともに指揮者になることを夢見る。あるいは決心する。

なぜそうなるのか——。

まずは、コバケンの話からだ。

ブダペスト国際指揮者コンクール

「当時、高校の体育の教師だった父は、勉強だけを強いるような人ではなかった。スポーツに遊びにと最高の理解者であった。夕日を背に帰ってくる父に手を振って迎えた頃が懐かしい。が、こと音楽となると、父は人が変わったようにかたくなになり、何もかも許してはくれなかった」（『指揮者のひとりごと』小林研一郎）

しかし、小林が中学２年の時、県の作曲コンクールの特賞に入ると、父親の態度は一変する。

「一変したあとの父は、母と共にすぐピアノを購入してくれたり、若松紀志子先生や芸大教授石桁真礼生先生の門をたたいてくれたり、将来のためにと東京に家を購入してくれたり、万難を排して協力してくれたのである」（『指揮者のひとりごと』小林研一郎）

若松紀志子《わかまつきしこ》（1915年、京都生まれ）は東京音楽学校卒のピアニスト。石桁真礼生《いしけたまれお》（1916年、和歌山生まれ）は東京藝大の作曲科の教授で、小林が東京藝大入学後には彼に師事した。

「福島の県立高校を出て、東京藝術大学の作曲科に入ったものの、当時もて囃されていた現代音楽の世界が僕には合わなかった。僕の憧れはベートーヴェンでしたから。それで藝大の指揮科に入り直したのです」（「週刊現代」2022／9／9）

小林は東京藝大の作曲科を卒業したのち、指揮科へ再入学する。ここでは山田一雄、渡邉暁雄に師事。

晴れて東京藝大指揮科を卒業し、東響を振って指揮者デビュー（1971年）を飾っていたコバケンだが、1974年（昭和49年）に試練が訪れる。

ミューズ（音楽の女神）が彼を試したのだ。

「一九七四年二月十九日、この日僕はその未知の世界からの招待状を受ける。そしてこの日が、世界の音楽界に翔ける礎の日となる。

発売されたばかりの雑誌の最終ページに、ブダペストで開かれる国際指揮者コンクールの募集要項を見つけた。コンクールのほとんどすべての年齢制限は、二十九歳である。その年齢までに高みに昇れなければこの世界では生きていけないという、鉄条網のようなものが厳然と敷かれている。

当時三十四歳だった僕に該当することはないという思いで読み流した。

突然心臓が早鐘を打ち出したのは年齢制限三十五歳を見た時だった。しかし、ときめきはすぐにひじてつを食う。締切は二月十五日。すでに四日すぎている」（『指揮者のひとりごと』小林研一郎）

ここで思い出してほしい。

かつて若き日の小澤征爾も、ブザンソン国際指揮者コンクールに応募しようとしたが書類に不備があり締切りに間に合わなかった。けれど、この時のコンクールで優勝したのは誰？

小澤征爾である。

友よ、本気で望むものがあったら簡単に諦めてはイケナイのだ。

そして、34歳のコバケンも簡単には諦めなかった。

「自分はよくよく運のない男だと思った。雑誌が気ぬけした手からすべり落ちた。足元で見開きページのピアニストの写真が妙にセクシーに見えた。やるせなさに加え、怒りが急にこみ上げて来た。なぜ今日発売された雑誌に締切を過ぎたコンクールの募集要項を載せるのだ、と思ったら、足がひとりでに雑誌をけとばしていた。ドアに当たった雑誌はにぶい音をたてて妙にひしゃげた形になっていた。

瞬間、ひらめいたことがあった。〝待てよ、締切りが四日前でも消印にからくりの可能性があるのではないか。四日前に出した手紙がハンガリーに着いてないとすれば何か策が……〟。そして、この瞬間から運命が未知の世界とのドラマを始めてくれる」（『指揮者のひとりごと』小林研一郎）

この時、T君という友人が小林の家を訪ねてきた。T君の友人に、当時のハンガリー大使の息子がいたのだ。その息子が父親に国際電話をして小林のコンクールの件を報告してくれた。

「大使と夫人は早速、コンクール委員会に懇願した。が、主催者側はすでに五名の日本人の応募者を受け入れており、もう一名加えることは、無理だという。しかし、大使御夫婦の、再三再四の懇願に、主催者側も根負けし、募集内容にあてはまる人ならということになり、内容の詳細を僕の所に発送してくれることになった」（『指揮者のひとりごと』小林研一郎）

こうして小林研一郎は34歳でブダペスト国際指揮者コンクールに優勝した。《第九》を聴いて涙した少年は世界への扉をこじ開けたのだ。

スカラ座の指揮者コンクール

では、世界の美しさに気づいて滝に打たれたように感じ、滝の側になりたいと思った少年はどうなったのか。

「僕と尾高忠明は十八歳の時に、Bオケでシューベルトの五番を前半と後半で分けて半分ずつ受け持って、桐朋デビューをした。本番、四楽章を齋藤先生のテンポではなく速いテンポで振りまくった井上は、幕が下りるや否や先生に『何やってるんだ！　あれだけ気をつけろと教えたのに！』と……。僕は小さくなって耐えた。心は『俺が振るんだ。先生ではない』と、動くことはなかった」（『降福からの道』井上道義）

桐朋学園大学で齋藤秀雄から指揮を学んでいた井上道義の回想である。Bオケとは、桐朋学園の高校生と大学生の混合オーケストラのこと（Aオケは大学生、Cオケは高校生で構成されているオーケストラのこと）。

この後の記述がまた面白い。

「そんな反抗的な井上でも齋藤先生は、森正《もりただし》さんが監督だった東京都交響楽団の副指揮者に強く推薦。卒業と同時に月給七万円で毎日上野に通うことになった。日がな一日座って練習を聴く。たまに振るのは体育館などでの音楽教室。その頃尾高君はN響研究員として、世界のマエストロ達や岩城宏之さんの下で似たような経験をしていた。勿論その頃の両オケの実力は天と地ほどもあって、『こん畜生』と思い、夏休みにヨーロッパのコンクールを経験しに行こう！と決心し、月給だけでは足りない飛行機代を父親に無心したのだった。そうしたらスカラ座で優勝してしまい、森先生に下げられない頭を無理やり下げながら、『あと三ヵ月、すみません！レコーディングできることになって』と、帰国を延ばしてもらうようお願いした」（『降福からの道』井上道義）

「スカラ座で優勝してしまい」というのは、1971年（昭和46年）のミラノ・スカラ座主催「グィド・カンテリ指揮者コンクール」のことである。

ただ、日本の楽壇のおじさんたちはへそ曲がりが多く、こいつは調子に乗ってるナと思われる若者の棒で演奏するのはヤなこった、と井上は日本の楽壇から（プチ）干されてしまう（小澤のN響事件を思い出していただきたく）。

「帰ってからは都響は僕にデビューの機会を作ってくれた。田無市でのモーツァルトの夕べだった。なんだか嬉しくなくて、一年で副指揮者を辞任して、日本から出た。そんな経験から後年長い間、都響の中には僕に良い印象を持っていない人が多く、コンサートはほとんど与えられなかった。そのおかげで？　当時分裂してしまっていた日本フィルハーモニー交響楽団に、二十九歳の時に上野の文化会館でデビューコンサートを作ってもらった。『幻想交響曲』は大変良い結果で、日フィルとの良い関係が続くきっかけになった」（『降福からの道』井上道義）

そういいつつ、井上道義は１９７７年（昭和52年）にニュージーランド国立交響楽団の首席客演指揮者、１９８３年（昭和58年）から新日フィルの音楽監督の座に就いた。１９９０年（平成2年）からは京都市交響楽団、２００７年（平成19年）にはオーケストラ・アンサンブル金沢の音楽監督、２０１４年（平成26年）には大阪フィルの首席指揮者になるなど、国内外のオーケストラをそのカリスマ性で率いてきたのだ。

２０１４年（平成26年）年４月、咽頭がん治療のため活動休止。同年（２０１４年）10月に復活したが、突然、引退宣言をした。

「去年は3ヵ月間、病院に入っていた。今のところは立てるけど、痛い。ふくらはぎがカチンカチン。ぶっ壊れていくそういう現実をわざわざ経験したくない。もう（指揮は）

十分にやったんじゃない？　ミュージカルオペラ《《A Way from Surrender ～降福からの道～》》も書いて、やり遂げた。それ以上に何をする？　僕の中のマグマが枯渇してきて、噴火してこない感じが自分でするんです。僕は自分を、元気でポジティヴな指揮者だと思っている。そうじゃなくなることを僕自身が受け入れられないのです」（「ぶらあぼＯＮＬＩＮＥ」２０２２／３／18）

井上道義、２０２４年（令和6年）12月をもって引退。この人のおかげで、世界が美しいと感じた人も多かったのではないだろうか――。

桐朋学園大学時代、井上道義と交代でＢオケを振っていたあの尾高忠明も、２０１９年（平成31年）年に前立腺がんが発覚。同年（２０１９年）５月から治療のため約２ヶ月間活動を停止した。

ただ、彼は井上と違って元気に活動を続けると言う。まだまだ噴火しているのだ。

炎のマエストロ

小林研一郎はブダペスト国際指揮者コンクールに優勝し、《第九》を聴いて涙した少年は世界への扉をこじ開けたのだ、と書いたが、どんなふうに?

アムステルダム・フィルハーモニー管弦楽団(のちの、ネーデルラント・フィルハーモニー管弦楽団)、ハンガリー国立交響楽団(のちの、ハンガリー国立フィルハーモニー管弦楽団)、アーネム・フィルハーモニー管弦楽団のシェフ(音楽監督・首席指揮者など)を歴任したから?

それもしかり。

1999年(平成11年)には日蘭交流400年の作曲を委託され、作曲家として自作の管弦楽曲《パッサカリア》を引っさげて、ネーデルラント・フィルで初演(自らの指揮で)を果たしたから? それもしかり。

それより何より、2002年(平成14年)に「プラハの春音楽祭」のオープニングコンサートに招かれ、チェコ・フィルハーモニー管弦楽団を指揮してスメタナの交響詩《わが祖国》を演奏したことは、やっぱり凄い。この模様は全世界に同時中継されたのだ。

小澤征爾ほどワールドワイドな活躍をした日本人指揮者はいない。けれど、炎のコバケンの東欧での存在感は抜群である――。

なんせ、「ハンガリーリスト記念勲章」（1986年）、「ハンガリー文化勲章」（1990年）、「ハンガリー星付中十字勲章」（1994年）と当地の勲章を3つも授かっているのだ。

国内でも、たとえば1988年（昭和63年）に首席指揮者になった日フィルではずっと「日フィルの顔」（現在は桂冠指揮者）として走り続け、一方で東京藝大指揮科主任教授として後進の指導にあたるなど、しかるべきポジションでコバケンは大きな船の錨《いかり》のように日本の楽壇に存在し続けている。


「体の不調ということでは、黄斑変性症で失明寸前までいったことがありますし、3年前には大晦日のベートーヴェン全交響曲連続演奏会の前日、鼻血が止まらなくなりました。演奏会の前の日ですから、もうキャンセルも、代役を立てるのも難しそうなので、僕は鼻に詰め物をして本番にのぞみました。女房が『研一郎さん！　舞台の上で死ねたら本望でしょ!!』と叱咤激励してくれたおかげで、何とかやり遂げることができました（笑）」（「現代ビジネス」2022／9／9）

そんな中、２００５年（平成17年）にはユニークなオーケストラをスタートさせる。

「『コバケンとその仲間たちオーケストラ』は、２００５年のスペシャルオリンピックスの公式文化事業の企画を機に設立されたオーケストラで、プロ・アマチュア・学生・障がいの有無に関わらず、活動趣旨に賛同する奏者が集まり演奏しています」（オクタヴィア・レコード）

つまりは、バリアフリーなオーケストラと観客をイメージしているのだ。

「『うれしかったら立ち上がったり、感動したら声を出したりしていい。そんなコンサートにしたかった』。知的障害者を招待して演奏会を行う『コバケンとその仲間たちオーケストラ』は、指揮者の小林研一郎さんの声掛けで２００５年に結成された。オケのメンバーと運営スタッフは全員ボランティア。今年はすでに長野県、富山県、千葉県で５公演開催され、12月11日には宮城県の東北学院大学多賀城キャンパス礼拝堂で58回目のコンサートが開かれる」（「毎日新聞ニュースサイト」２０１６／12／6）

２０２４年（令和6年）６月、サントリーホールでのコバケンとその仲間たちオーケストラの公演は、第89回演奏会だ。

クラシック音楽の演奏会に行くと、咳《せき》ひとつするのにも勇気がいる（特に演奏中は）。それがマナーであるのダ、というのがクラシック界隈での常識だ。

しかしながら、コバケンは「うれしかったら立ち上がったり、感動したら声を出したりしていい。そんなコンサートにしたかった」と言う。

たとえば、「ラ・フォル・ジュルネ ＴＯＫＹＯ」には「0歳からのコンサート」（授乳室やオムツ替えコーナーもある！）や3歳以上の子供を対象とした「キッズのためのオーケストラコンサート」があって、子供連れでも音楽を楽しめる。これはうれしい。

音楽の楽しさとは、本来そういうものではなかったか——。

第6章

カラヤンの教え子、バーンスタインの弟子

カラヤン指揮者コンクール・ジャパン

1969年（昭和44年）、カラヤン国際指揮者コンクールがスタートした（この時の1位はオッコ・カム）。

そして、その第3回大会で、当時、ベルリン芸術大学に留学中だった小泉和裕が優勝する。1973年（昭和48年）のことだ。

彼は一気にチャンスを摑《つか》んだのだ――。

ベルリン・フィルを振って欧州デビューを飾った小泉は、1976年（昭和51年）、その勢いのままフランス国立管弦楽団の指揮台に立ち、ピアニストのアルトゥール・ルービンシュタイン（1887年、ポーランド生まれ）、チェリストのムスティスラフ・ロストロポーヴィチ（1927年、アゼルバイジャン生まれ）と共演。同年（1976年）夏には「ザルツブルク音楽祭」に登場し、ウィーン・フィルを振った。

その後、ミュンヘン・フィルハーモニー管弦楽団（以下、ミュンヘン・フィル）、バイエルン放送交響楽団、シカゴ響、ボストン響の指揮台に次々と招かれている。

国内でも、新日フィルの音楽監督を皮切りに、九州交響楽団（以下、九響）、都響、日本センチュリー交響楽団、仙台フィルハーモニー管弦楽団（以下、仙台フィル）、神奈川フィルハーモニー管弦楽団（以下、神奈川フィル）、名古屋フィルハーモニー交響楽団（以下、名古屋フィル）といったオケでシェフを務めた。小泉さんにまかしときゃ間違いない、という声もあちこちで聞く。

１９７７年（昭和52年）にはカラヤンが来日。この機に合わせ、コンクールは日本で行われた。そして、「カラヤン指揮者コンクール・ジャパン」で優勝したのは、無名の若き日本人だった。

「この年の八月末、高関氏は桐朋学園大学のオーケストラ合宿に参加していた。氏は一九五五年の生まれで、大学生活最後の夏を迎えていた。これからの進路を考えているところだったが、そこへ指揮者の森正氏がカラヤンによる指揮者コンクールが開催されるとの情報をもたらした。『ベルリン・フィルを指揮できるぞというノリでした』。カラヤン＝ベルリン・フィルの来日はもちろん知っており、十一月七日、大阪でのコンサート（フェスティバルホール）のチケットはすでに入手していたという」（『カラヤンと日本人』小松潔）

高関健は、このコンクールで優勝を果たすのだ。

「コンクールは十一月十三日の午前中、東京の普門館で行われた。高関氏は大阪で聴いたブラームスの交響曲第二番を指揮、見事に優勝した。事前に本番でオーケストラのクセを研究したこともあったが、コンサートマスターのシュヴァルベとウマが合ったことも大きかった」（『カラヤンと日本人』小松潔）

ここでもやっぱり、人懐っこさ（あるいは人たらし）っぷりがキーワードになる。何せ、オケのコンサートマスターと仲良くなっちゃったら、半分、勝ったようなもんだ。

近衛も、朝比奈も、小澤もみんなそうやって勝ってきたのだ。

カラヤンの代役で第九を振った男

小澤征爾、小泉和裕、高関健のほかにも、カラヤンの弟子はまだいる。

山下一史である――。

1984年（昭和59年）、桐朋学園大学卒業後、ベルリン芸術大学に留学。

その頃、ベルリンには高関健がいて、カラヤンのアシスタントをしていたのだ。

「高関さんは日本のカラヤンコンクールで優勝し、カラヤン・アカデミーの招待でベルリンに行ったわけだから、カラヤンとベルリン・フィルの練習には自由に出入りできたけど、われわれは無理。そこで高関さんに頼んで、何とか中に入れてもらいました。でもコントローラーの人が来て、お前は駄目って。それを何度も繰り返していました」

（『カラヤンと日本人』小松潔）

そこへ高関が帰国することになり、彼の代わりにカラヤンのアシスタントを務めるのだ。1985年（昭和60年）のことである。

主な仕事は、ビデオ撮影のリハーサルにおけるカラヤンの代役（いわゆるスタンドイン）である。

そして、1986年（昭和61年）6月にニコライ・マルコ国際指揮者コンクールで優勝を果たすと、山下は「ザルツブルク聖霊降臨祭音楽祭」のスタンバイ指揮者に起用された。誰かがアクシデント等で指揮台に上がれなくなった時、代役でオーケストラを振る役目だ。

9月に入ると、ベルリン芸術週間がやって来た。

カラヤンが《第九》を振ることになっていた。けれどその日、ベルリン・フィルを相手にタクトを振ったのは日本から来ていた無名の若者だった。

「カラヤン（ベートーヴェン第九）演奏会に僕はお客として、この格好（黒ジーンズ、黒セーター）で行ったら、（本番30分前に）ステージマネージャーが血相変えて飛んできて〝すぐ電話に出ろ!!〟そうすると、カラヤンの専属マネージャーが〝今から言うことに、君はイエスかノーしか言ってはいけない。（なんだろう?-?-）カラヤンは病気だ。今日の演奏会は振ることはできない。ドクターストップで。カラヤンはヤマシタにやらせろと言ってるが、君はイエスかノーか!-?-?〟そりゃアシスタントやるからには全部暗譜して勉強してますから、ノーと言えなかったです…後から震えましたけど」（FM大阪「くらこれ!」055話）

そう、アシスタントをしていた山下一史が本番の舞台に立ったのだ。

「演奏後、シャワーを浴び、軽く食事を済ませた山下氏はカラヤンの定宿、ホテル・ケンピンスキーに行き、部屋に通された。マエストロは『コンサートはうまくいったと聞いている。ベルリンは大騒ぎだろうから、静かになるまでザルツブルクに来ないか』と言い出した。燕尾服の仮縫いなどのスケジュールで、すぐにはベルリンを離れられないと氏が説明すると、カラヤンは『小さくてもいいから自分のオーケストラを持つことだ。そのオケと半年はじっくり練習し、自分のレパートリーを広げ、磨きをかけろ。残り半年で客演すればいい』と持論を展開した」（『カラヤンと日本人』小松潔）

これ以降、山下は1989年（平成元年）にカラヤンが亡くなるまで、彼のアシスタントを務めた。

それから、九響、仙台フィル、大阪響などのシェフを歴任する一方で、東京藝大指揮科の教授も務めている（桐朋学園大学出身者なのに）。

カラヤンの代わりに《第九》を振って成功した時、山下に興味を示した大物エージェントがいた（結果的にカラヤンは山下を死ぬまで手元に置くことになったが）。

コロムビア・アーティスツ（Columbia Artists Management, Inc）の社長、ロナルド・ウィルフォードその人である。

ウィルフォードとコロムビア・アーティスツ

第4章で小澤征爾が老舗オケからボイコットを食らったN響事件（1961年暮れ）について触れたが、その後、小澤はニューヨークに戻っていた。


「ニューヨークの安アパートで憮然《ぶぜん》たる日々を送っていた小澤征爾に、マネージャーであるコロムビア・アーティスツのロナルド・ウィルフォードから電話がかかってきた。『すぐ事務所に来い』との指示である。一九六三年七月のことだというから、日本を後にしてから半年後のことである。ニューヨークに腰を据えた小澤は、その頃契約を交わしたマネージャーに『オレ、もう日本になんか帰らないよ』と宣言していた。

小澤征爾がカーネギーホールの前にあるコロムビア・アーティスツの事務所に行くと、

そこにはシカゴのラヴィニア音楽祭の会長アール・ラドキンがいた。

音楽祭でシカゴ交響楽団の指揮をする予定だったフランスの指揮者ジョルジュ・プレートルが肩を痛めて出演できないので、代役としてシカゴ響を振れとの指示である」

（『小澤征爾　覇者の法則』中野雄）

プレートルのドタキャンに困り果てたラドキン会長がウィルフォードに泣きつくと、ウィルフォードはオザワという無名の日本人をレコメンドしてきたというわけだ。

「この挿話には、少なくとも音楽を学ぶ者なら必須の、また音楽愛好家にとっても興味津々のサイドストーリーが山積している。音楽関係者ならずとも、『成功者』というものが辿る輝きに満ちた王道というものを理解する、ヒントになるかもしれない素材がいくつも含まれている、と私は思う。

まず第一に、コロムビア・アーティスツのロナルド・ウィルフォードとの契約。

コロムビア・アーティスツが、二〇世紀の後半から現在まで、世界のクラシック音楽界・陰の帝王の館であることは、関係者の間では常識である。ウィルフォードはその総帥。仕事振りの凄さについては告発調の単行本が何冊か出版されているが、彼はもちろん歯牙《しが》にもかけない。だいいち、この人の素顔や写真を見たという人がほとんどいないし、ジャーナリズムに顔を曝《さら》すということもまず無いらしい」（『小澤征爾　覇者の法則』中野雄）

当時、コロムビア・アーティスツには、カラヤンをはじめ、クラウディオ・アバド（1933年、ミラノ生まれ）、リッカルド・ムーティ（1941年、ナポリ生まれ）、ワレリー・ゲルギエフ（1953年、モスクワ生まれ）といった錚々《そうそう》たる指揮者が所属していた。ピアニストのウラディミール・ホロヴィッツ（1903年、ウクライナ生まれ）、マウリツィオ・ポリーニ（1942年、ミラノ生まれ）、ヴァイオリニストのヤッシャ・ハイフェッツ（1901年、リトアニア生まれ）、アンネ＝ゾフィー・ムター（1963年、ドイツ生まれ）といったスター演奏家も揃えていた。

ま、日本にも大手芸能プロダクションがあるが、そこに所属しているようなものだ。

このあと、小澤はトロント交響楽団の音楽監督（1965年）、サンフランシスコ交響楽団の音楽監督（1970年）、ボストン響の音楽監督（1973年）の座を手に入れ、ウィーン・フィル「ニューイヤー・コンサート」の指揮台に立ったその年（2002年）、そのままウィーン国立歌劇場の音楽監督にまで上り詰めた。

もちろん、小澤征爾本人の実力であることは自明だが、それに加えてウィルフォードとのパートナーシップ抜きには考えられないアクティビティである。

言い方を変えれば、小澤にはウィルフォードのバックアップを引き寄せるだけの（あるいはウィルフォードをして「この男はビジネスになる！」と思わせしめるだけの）魅力があったのだ。

ウィルフォードにとってトレード・オフではない。ウィン・ウィンだ。

しかし、そのウィルフォードも2015年（平成27年）に死去。

コロムビア・アーティスツも、やがてやってきた世界的なパンデミック（COVID－19）によって、2020年8月末に活動を停止した。ホロヴィッツも、ハイフェッツもとっくにいない。小澤やポリーニまで鬼籍に入った。

ロシアのウクライナ侵攻（2022年）の影響で、ゲルギエフはミュンヘン・フィルの首席指揮者の座をはじめ西欧での仕事を一時的に失った。

しかし、ただで転ばないのがスーパースター。アンネ=ゾフィー・ムターは、元・コロムビア・アーティスツの強面エージェント、ダグラス・シェルダンが設立した「シェルダン・

アーティスツ」（Sheldon Artists）に所属。ここにはユリアンナ・アヴデーエワもいる。

そして、角野隼斗もこのオフィスと北米圏におけるマネジメント契約を結んだ（２０２４年）。いよいよ、世界的スターの仲間入りか。

バーンスタイン最後の弟子

あれはＪＣＢカードのＣＭだった。

「バーンスタイン最後の弟子、佐渡裕」

ウィルフォードとも、コロムビア・アーティスツとも関係ないところで逞《たくま》しく生きてきた佐渡裕は、タングルウッド音楽祭の事務局に自演のビデオを送りつけて注目され、小澤征爾に目をかけられ、レナード・バーンスタインに可愛がられた。

バーンスタインのアシスタントとして過ごしたウィーンでの２年間（１９８８年〜）、実は見知らぬスポンサー２人からの経済的援助を受けているのだ。小澤にはウィルフォードのバックアップを引き寄せるだけの魅力があったが、佐渡も、小澤や、バーンスタインや、経済的援助をしてくれる見知らぬスポンサーを引き寄せる何かがあったのだ。

佐渡はこんなふうに考えている——。

「音楽だけでなく、芸術に携わる人は、できるだけいい空間で生活をした方がいいというのが僕の考え方である。

それは、貯金が百万あるとか、一千万あるとかいうことではない。特に指揮者は、譜面を開いて自分の音楽を作り出す作業が、ほとんど部屋の中で行われるため、その空間が窮屈に感じたり、気が滅入《めい》るような物で囲まれていたのでは、決していい仕事はできないと思っている。

もちろん、節約するのに気をまわしたりすることも、できれば避けたい。精神面だけでなく、金銭面でも生活が崩れていけば、そこから音楽も崩れていくと思うからである。明日の生活が不安な状態でいては、指揮台の上から、何百人、何千人という聴衆に、音楽の喜びや感動を伝えることはできない」（『僕はいかにして指揮者になったのか』佐渡裕）

なんとセルフィッシュな、と思った方も多いかも知れない。
しかし、これには伏線がある。タングルウッドでバーンスタインのレッスンを受けている時、小澤征爾にこんなことを言われたのだ。

「当時、日本でも全く無名だった佐渡。『普段の仕事は何やってるんですか』と小澤は質問した。関西でオペラの副指揮者や、アマチュアのオーケストラを指揮していることを伝えると『それ全部、やめたほうがいいですね。やめて勉強したほうがいい』と言った。

佐渡の当時の生活は、そういった細々とした指揮者活動を重ねて成り立っていた面もあった。『学生時代からいろんなところで指揮をさせてもらって、その経験は音楽大学の指揮科では積めなかった』との自負があった。が、『小澤先生に言われて、やめないわけにはいかないよね』。小澤の一言が、世界に向けて佐渡の背中を押した」（「産経WEST」２０１５／10／３）

われらが「おやかた」近衛秀麿を思い出していただきたい。彼が食うに困ったことは一度もないはずだ。お金がなくなると兄（総理大臣・近衛文麿）に相談、で解決だし。

そもそもヨーロッパの貴族がパトロンになって多くの芸術家を育てた。ま、食うためにベートーヴェンやシューベルトのように貴族の婦女子の家庭教師（音楽）をするケースもあるにはあるけれど。芸術家なんて、そんなもんだ。

セルフィッシュついでに、みちよし先生（井上道義）に再度ご登場いただく。ダメ押しです。

「僕の名前の『道』Michiは、イタリアではミキ、フランスではミシ、そして特に親しい人々はミチと呼ぶ（小学校の友達は「ミッキー」だ）。だからってわけとは思いたくないが、僕は我が道を行きっぱなしだ。道草も、わき目もみーんな、歩くための食いだめでしかない。なんてエゴイスティックで、貪欲で、我がままなのだと人は叫び、自分でもあきれる。この道はどこへ……いくの……か？

でもこの考え方のみが音楽をやり指揮をする道だ。その方法は命と引き換えでしか変えられない。人が歩く向こうには、全ての人々をのみこむ、または全ての人々を招きあげる場所が用意されているだけだ。

僕はどんなものでも、自分の歩く道に合わないものは、無視するか、作り直すか、どちらかを選んできた。相手に僕の信じる道を通る懐の深さがない場合には、少しだけ悲しみ、自分の描く王道へ戻る。

その道が時に『道義《どうぎ》』に反しているとしても！」（『降福からの道』井上道義）

佐渡裕に話を戻しますよ。

やがて佐渡は、自分のオケ（ラムルー管弦楽団、トーンキュンストラー管弦楽団など）を次々と持ち、日本ではＪＣＢカードのＣＭにも起用された。山本直純（大きいことはいいことだ！）や岩城宏之（違いがわかる男）のように、世間に認知されるパスポートを手に入れたのである。

２０１１年（平成23年）にはベルリン・フィルの定期演奏会に招かれ、ショスタコーヴィチ《交響曲第５番》と武満徹《フロム・ミー・フローズ・ホワット・ユー・コール・タイム》を演奏した。

本書でもさんざん「誰それがベルリン・フィルを振った」と書いたが、ベルリン・フィルの「一丁目一番地」である定期演奏会の指揮台に上がった日本人指揮者は、小澤征爾、小泉和裕、佐渡裕などほんの数人だ。

そうそう、書き忘れていた。
若き日の佐渡裕もここのコンクールにチャレンジし、優勝した。
若き指揮者にとっての、スタートアップに最適の場所がフランスにあるのだ。
ブザンソン国際指揮者コンクールである——。

終章

ブザンソンを制した新世代指揮者たち

世界の指揮者コンクール

小澤征爾が優勝を果たしたその30年後、佐渡裕もブザンソンを制することになる。

ブザンソン国際指揮者コンクールは、フランス東部にある都市ブザンソンで毎年9月に行われる「ブザンソン音楽祭」の中のイベントのひとつで、1951年（昭和26年）よりスタートしている。1992年（平成4年）までは毎年、それ以降は隔年開催。

このコンクールに優勝した日本人指揮者を挙げときますよ。

1959年（昭和34年）の小澤征爾を手始めに、1982年（昭和57年）の松尾葉子、1989年（平成元年）の佐渡裕、1990年（平成2年）の沼尻竜典、1993年（平成5年）の曽我大介《そがだいすけ》（1965年、大阪生まれ）、1995年（平成7年）の阪哲朗《ばんてつろう》（1968年、京都生まれ）、2001年（平成13年）の下野竜也《しものたつや》（1969年、鹿児島生まれ）、2009年（平成21年）の山田和樹、2011年（平成23年）の垣内悠希《かきうちゆうき》（1978年、川崎生まれ）、2019年（令和元年）沖澤のどか。シモタツ、ヤマカズ、オキサワ。次世代を担う人たちの名前が並んでいる。

世界にはまだまだ指揮者コンクールがあって、1984年（昭和59年）の「キリル・コンドラシン国際青年指揮者コンクール」で広上淳一（1958年、東京生まれ）、同年の「ハンス・スワロフスキー国際指揮者コンクール」で高関健、1974年（昭和49年）の「ブダペスト国際指揮者コンクール」で小林研一郎、1992年（平成4年）の同コンクールで本名《ほんな》徹次《てつじ》（1957年、郡山生まれ）、1987年（昭和62年）の「アルトゥーロ・トスカニーニ国際指揮者コンクール」で大野和士、1995年（平成7年）の「レナード・バーンスタイン・エルサレム国際指揮者コンクール」で佐渡裕が、それぞれ優勝している。

最近だと、2021年（令和3年）に出口大地《でぐちだいち》（1989年、大阪生まれ）が「ハチャトゥリアン国際コンクール指揮部門」で優勝、「クーセヴィツキー国際指揮者コンクール」で最高位（1位なしの2位）に入った。

もちろん、日本国内にも指揮者コンクールはある。

1967年（昭和42年）よりスタートした「民音指揮者コンクール」である。財団法人民主音楽協会主催の「民音コンクール指揮部門」で、1988年（昭和63年）には「東京国際音楽コンクール〈指揮〉」に名称を変更した。2014年（平成26年）には国際音楽コンクール世界連盟に加盟し、2024年（令和6年）に「東京国際指揮者コンクール」と名称を再変更。3年に1度の開催である。

ざっと日本人の覇者のみ記しますよ――。

1967年（昭和42年）の手塚幸紀《てづかゆきのり》（1940年、東京生まれ）、1970年（昭和45年）の小泉和裕、1979年（昭和54年）の田中良和《たなかよしかず》（1958年、京都生まれ）、1982年（昭和57年）の十束尚宏《とつかなおひろ》（1960年、東京生まれ）、1988年（昭和63年）の栗田博文《くりたひろふみ》（1961年、小田原生まれ）、2000年（平成12年）の下野竜也、2018年（平成30年）の沖澤のどか。

ご案内の通り、下野竜也と沖澤のどかの2人はブザンソンと東京、両方で1位になっている。これはタダモノではない。

たとえば、小泉和裕が優勝した1970年（昭和45年）の大会では尾高忠明が2位、小林研一郎と井上道義は入選にとどまっているし、十束尚宏が優勝した1982年（昭和57年）は大野和士が2位、山下一史と広上淳一が入選という結果だ。1985年（昭和60年）の大会は1位なし、2位に飯森範親《いいもりのりちか》（1963年、鎌倉生まれ）と本名徹次が入っている。2006年（平成18年）は1位なしで、2位に川瀬賢太郎《かわせけんたろう》（1984年、東京生まれ）が入った。2015年（平成27年）には太田弦《おおたげん》（1994年、札幌生まれ）も2位に入っている。

こんなふうに「1位なし」を出すなんてまるでショパン国際ピアノコンクールのようだし、

国際指揮者コンクールになってから外国人の優勝者が連続するあたり、さしずめ浜松国際ピアノコンクールのようでもある。

第4章で触れた岩城宏之や山本直純は、東京藝大在学中からあちこちのオケの仕事をしていてそのままプロになったし、第5章に登場する炎のコバケン（小林研一郎）とみちよし先生（井上道義）は2人とも民音指揮者コンクールの入選にとどまっている。

ま、コンクールはコンクールだ。

さはさりとて、ブザンソンと東京の両方で優勝した下野竜也と沖澤のどかの2人は、やっぱり凄い。

タングルウッドでチャンスをつかむ

一方、正式な指揮者コンクールではないが、夏季に行われる音楽祭の中のしかるべき有名な指揮者が展開するタイプのマスタークラス（セミナー）にも、若き指揮者にはチャンスが転がっている。宝の山だ。

もっとも有名なのは、ボストン郊外で行われるタングルウッド音楽祭。

小澤征爾（1960年に参加）を筆頭に、大植英次（1978年に参加）、大友直人（1981年に参加）、十束尚宏（1982年に参加）、佐渡裕（1987年に参加）と日本人指揮者がこの地を訪れている。

最近だと、イリノイ大学、マーサー大学で学んだ原田慶太楼《はらだけいたろう》（1985年、東京生まれ）が2010年（平成22年）に参加し、小澤征爾フェロー賞を受賞している。

バーンスタインはじめ世界のマエストロと知己を得たり、海外のオーケストラへの足がかりを摑むなど、キャリアをセットアップするフローにおいてこの音楽祭は重要なポイントとなるのだけれど、逆に日本の楽界への思いを強めてしまった指揮者もいる。

大友直人、その人である――。

「若者たちが車座になって彼を囲み、彼がおもしろおかしく語るさまざまなエピソードを聞いていました。そのときパッと、バーンスタインと私の目が合った。そして『君はどこから来た？　名前は？　何をしている？』と尋ねられました。ドキドキしながら、ナオト・オオトモと答えると、フィンランド人かと聞かれました。なにか、オットーモのような、フィンランド風の響きに聞こえたのかもしれません。そこで、自分は日本から来た、今はN響の指揮研究員をしていると答えたところ、バーンスタインはこう言ったのです。

『Oh, I know that orchestra. Horrible orchestra!（ああ、そのオーケストラは知っているよ。ひどいオーケストラだ！）』

そして彼は、学生たちを前にこんなふうに説明しました。

『このオーケストラのことは、セイジから聞いて私は知っているんだ。たとえば指揮者がフルート奏者にイントネーションが少し違うと伝えたくても、気軽に指摘することは許されない。だからこのように言わないといけないそうだよ。〝あの……演奏者さま。申し訳ないのですが、あなたの演奏はイントネーションがちょっと高いようなので、できればもう少し下げて演奏してみてもらえないでしょうか？〟』

バーンスタインを囲んでいる受講生たちは、その話を聞いて皆大笑いです。

N響は、そんなふうに言われるようなオーケストラではない。悔しくて反論しようとしましたが、私が何も言えずにいるうちにその話題は終わり、すでに彼は次の学生との会話を始めていました」（「PRESIDENT Online」２０２０／１／24）

大友は、別のメディアのインタビューでもタングルウッドでの出来事を語っている。

「音楽祭にはゲストとしてクルト・マズア（東ドイツの指揮者）が参加していました。彼のプロフィルを見ると、日本での活動には一切触れていません。彼は1979年に読売日本交響楽団の名誉指揮者になっているんですよ。

別の機会にヴォルフガング・サヴァリッシュ（ドイツの指揮者）のプロフィルを見ると、『彼の活動は極東を含む』とありました。彼は60年代から毎年のように1カ月ほど日本に滞在し、NHK交響楽団を指揮していました。67年にはN響の名誉指揮者に就任しています。なのに『極東』の一言で片付けられていた。『このままじゃだめだ』と痛切に感じました。現在に至る『おかしな道のり』を歩むきっかけです。

私は音楽祭の翌年の参加者を選ぶオーディションを受けるつもりはありませんでした。それを知った小澤さんに『なぜチャンスを逃すんだ』と説教されました。私にすれば世界を舞台に活躍することよりも、日本の音楽界を変えてゆくことこそ自分の使命ではないか、と考えた上での決断でした」（「産経電子版」2019／2／8）

この時、小澤から胸ぐらをつかまれたというが、大友は自分の意思を通した。あの甘いマスクからは想像できない、漢《おとこ》っぽい言動である——。

果たして大友直人は、N響、日フィル、東響、京都市響、群響などを振り、一方で国内でマスタークラス（ミュージック・マスターズ・コース・ジャパン）を開催し、大学オケ（大阪芸術大学管弦楽団など）も振る。お世話になっている諸君も多いと思う。

こんなふうに、世界中でも夏季休暇の期間を利用してさまざまなマスタークラスが開かれている。「ルツェルン音楽祭アカデミー」、「ジュリアード音楽院サマープログラム」、「アルテンブルク夏期音楽アカデミー」、「リーヴァ音楽祭マスタークラス」、「ウィーン音楽マスタークラス」、「ロンドンマスタークラス」、「カーティス音楽院サマープログラム」にそれぞれ指揮者のコースがある。

もちろん、日本にも１９９０年（平成2年）にバーンスタインが札幌にスタートさせた「パシフィック・ミュージック・フェスティバル札幌」（以下、ＰＭＦ）や、１９９２年（平成4年）にスタートした「セイジ・オザワ松本フェスティバル」（２０１５年「サイトウ・キネン・フェステバル松本」より改称）があるが、指揮者のマスタークラスを常設しているわけではない。

2024年(令和6年)、沖澤のどかがセイジ・オザワ松本フェスティバルの首席客演指揮者に就任した。セイジ・オザワの最後のギフト(あるいはレガシー)である――。

小澤征爾のレガシー

長野・松本にセイジ・オザワ松本フェスティバルを残した小澤征爾だが、彼のレガシーはまだまだある。

たとえば、水戸室内管弦楽団。

これは、1990年(平成2年)に水戸芸術館の専属楽団として立ち上がった。桐朋学園を齋藤秀雄とともに作り上げた吉田秀和の提唱によりスタートし、小澤征爾が総監督・指揮者として長くかかわっていた。

そのメンバーは世界中で活躍するソリスト、さまざまなオーケストラの首席奏者を中心に編成された(外国人演奏者も含む)、それはもう精緻でスキルの高いチェンバー・オーケストラである。

定期演奏会は水戸芸術館コンサートホールATMで行うが、東京公演もある。基本的には指揮者を置かないが、公演によっては小澤らが振ることもあった。

最近ではマルタ・アルゲリッチ（1941年、ブエノスアイレス生まれ）とのベートーヴェン《ピアノ協奏曲》シリーズが素晴らしかった。

また、2000年（平成12年）からは京都に「小澤征爾音楽塾」も立ち上げている。これは日本にオペラを定着させようというプロジェクトだ。あの京都会館をオペラハウスに変えてしまおうという大胆な発想——。村上春樹との対談から引いてみよう。

「じゃあ小澤さんが最初に本格的にオペラに取り組んだのは、カラヤンの指導のもとだったわけですね？」（『小澤征爾さんと、音楽について話をする』小澤征爾、村上春樹）

という村上春樹の質問に対して、小澤はこう答えている。

「そうです。カラヤン先生は本当に良いアドバイスを僕に与えてくれました。彼は言うんです。シンフォニー・レパートリーとオペラは、指揮者にとって車の両輪のようなものなんだって。どちらか一つが欠けても、うまくいかない。シンフォニー・レパートリーの中にはコンチェルトとか交響詩とか、そういうものも含まれています。でもオペラというのは、それとはぜんぜん違うものなんだ、と。だいたいオペラをひとつも振らずに死んでしまったら、それはとりもなおさず、ワーグナーをほとんど知らないまま死んでいくようなものじゃないか。たしかにそうですよね。だからセイジ、君は是が非でもオペラを勉強しなくちゃだめだと、カラヤン先生に強く言われました。プッチーニ、ヴェルディ、これもオペラなしじゃ語れない。モーツァルトだって、そのエネルギーの半分くらいはオペラ作品に注がれています。そう言われて、これはひとつオペラをやらなくちゃ、と思うようになりました」（『小澤征爾さんと、音楽について話をする』小澤征爾、村上春樹）

小澤は若い頃にオペラを学ぶ機会が少なかったのだ。

「あのね、もともと僕くらいオペラから縁遠い男はいなかったんですよ、実は（笑）。というのは、齋藤先生がオペラというものをまったく教えてくれなかったから。だから日本にいるあいだはオペラとはほぼ無縁でした」（『小澤征爾さんと、音楽について話をす

る』小澤征爾、村上春樹）

そんな小澤がミラノ・スカラ座、ニューヨーク・メトロポリタン歌劇場と並ぶ世界最高峰のオペラハウスである、ウィーン国立歌劇場の音楽監督の座に就いたのだ。それだけで充分にハードワークである。

それでも、日本にオペラを定着させたい一心で、２０００年（平成12年）、京都に「小澤征爾音楽塾」を立ち上げた。

本拠地となるロームシアター京都は、１９６０年（昭和35年）に開館した京都会館を２０１６年（平成28年）に改装リニューアルしたもの。スポーンサーになったのはローム株式会社という半導体・電子部品の会社だ。

京都会館という古い建物をリニューアルして新しい文化の風を起こす。古都の伝統を守りながら新しいことも大好きな京都という街らしくていい。

小澤征爾音楽塾では若い演奏者を中心にオーディションを行い、オーケストラを組織。セイジ・オザワ松本フェスティバルの教育プログラムに参加し、ロームシアター京都でのオペラ公演で演奏するのだ。

小澤征爾音楽塾でこれまでに扱ったオペラ作品は、２００７年（平成19年）、２０１７年（平成29年）、２０１９年（平成31年）にビゼー《カルメン》、２００３年（平成15年）、２００８年（平成20年）、２０１６（平成28年）、２０２２年（令和４年）にヨハン・シュトラウスⅡ世《こうもり》、２００４年（平成16年）、２０２３年（令和５年）にはプッチーニ《ラ・ボエーム》、２００１年（平成13年）、２０２４年（令和６年）にはモーツァルト《コジ・ファン・トゥッテ》など。人気オペラを定着させようと奮闘している。

こんなふうに、小澤征爾は日本中のあちこちにクラシック音楽の種を蒔《ま》いた。

室内楽を中心とした「小澤国際室内楽アカデミー奥志賀」もそのひとつだ。

１９９６年（平成８年）にサイトウ・キネンの室内楽勉強会から始まった小澤国際室内楽アカデミー奥志賀を国際的に発展させたのが、「小澤征爾スイス国際アカデミー」（２００５年）である。

その小澤によるあいさつ文をＨＰから引いてみる。

「『クヮルテットは、ソロとオーケストラとを問わず、弦楽器奏者のすべての基本。だから、世界に通用する弦楽器奏者を育てるには、トップレベルの指導者による集中的なクヮルテットの実習が欠かせない』この信念のもとで、私たちがクヮルテットの勉強会を長野の奥志賀高原で始めてから、すでに27年が経とうとしています。

このアカデミーでは、これまでに、原田禎夫《はらださだお》（チェロ）、川崎洋介《かわさきようすけ》（ヴァイオリン）、川本嘉子《かわもとよしこ》（ヴィオラ）、小栗《おぐり》まち絵《え》（ヴァイオリン）、ジュリアン・ズルマン（ヴァイオリン）という、私が全幅の信頼を寄せる世界トップレベルの講師陣が指導して参りました。２００５年からは、スイスにも同様のアカデミーであるSeiji Ozawa International Academy Switzerlandを設立し、ヨーロッパで学ぶ音楽学生対象の室内楽アカデミーとして成果を上げています。

奥志賀の大自然の中で学ぶこのアカデミーは、音楽家としてだけではなく人としても大切なことを得られる稀有《けう》な機会です。これからも『特定非営利活動法人 小澤国際室内楽アカデミー奥志賀』を通じて、日本のみならず広くアジア圏の才能ある若手音楽家のために開催していきたいと思っています。

皆様の末長いご協力とお力添えをお願い申し上げます」（「小澤国際室内楽アカデミー奥志賀」ＨＰ）

このように、オペラから室内楽まで、小澤征爾は日本のクラシック楽界のために自身が持てるリソースすべてを注ぎ込んでいる。すべてを犠牲にした、と言い換えることもできるかも知れない。

やっぱり、ベルリン・フィル

そのスイスでのアカデミーでタクトを振るはずだった小澤が体調不良になった。文字通り世界中を駆け巡っていた小澤だが、年齢と病気には勝てなくなっていたのだ。

「指揮者の小澤征爾さんが開校した『スイス国際音楽アカデミー』の公演が2日、ジュネーブで行われた。療養中の小澤さんに代わり、２００９年のブザンソン国際指揮者コンクールで優勝した山田和樹さん（33）が指揮を執った」（「日刊スポーツ」２０１２／７／３）

このように予定していたマエストロが指揮台に上がれなくなった場合、急遽《きゅうきょ》、誰かがオーケストラをドライヴしなければいけない。
これが、若手指揮者にとって試練であり、よい経験となる――。
こんなケースもある。

「ロシアの軍事侵攻と戦うウクライナとの連帯を表明するベルリン・フィルハーモニー管弦楽団のコンサートが27日、ベルリンのベルビュー宮殿で行われ、急病の首席指揮者にかわり、ドイツを拠点とする日本の沖澤のどかさんが指揮を執った」（「読売新聞オンライン」2022／3／27）

「急病の首席指揮者」とはキリル・ペトレンコ（1972年、ロシア生まれ）のことで、彼のアシスタントをしていた沖澤のどかにお鉢が回ってきたのだ。そんなこんなで、沖澤のどかはベルリン・フィルを振ってしまった。シモタツ（下野竜也）よりヤマカズ（山田和樹）より早く、だ。
そんな山田和樹と沖澤のどかだが、指揮者を目指すタイミングは2人ともとても遅かった。

「僕は高校生の時、吹奏楽部の指揮者をしたのがきっかけですが、音楽家になろうと思ったのが遅く、東京藝術大学の受験を決めたのは入試まで1年を切った時でした。準備のため、高校3年の5月に初めて松尾葉子先生の門を叩きました」（「BRUTUS」2024／7／9）

沖澤のどかも負けてはいない。

「私はチェロとオーボエをやっていて、高校2年の冬に音大に行きたいと思い始めました。最初はオーボエで受験することも考えたのですが、楽器を買ってほしいと親に言いづらく、指揮棒だったら自分で買えるなと（笑）」（「BRUTUS」2024／7／9）

2人とものんびりし過ぎである。だが、ともに東京藝大指揮科に入り、偶然にも同じオケの指揮台に辿り着くのだ。

沖澤がオーケストラ・アンサンブル金沢で指揮研究員をしている時、山田が同オケのミュージックパートナーになった。

「山田さんのリハーサルを見ると、強いリーダーシップでオケを引っ張っていくというよりは、何かわからないけど、気づいたら乗せられている感じがします。実際は山田さんが意図していたのに、オケのメンバーが『最初からこうやりたかった』と思わせるような雰囲気にさせる不思議な魅力があると思いますね」(「BRUTUS」2024／7／9)

沖澤は山田の指揮ぶりをこう評する。そのお返しもある。

ある日、山田が「全体のバランスを聴きたいので、沖澤さん指揮してください」と言うのだ。

「でも、ああいう突然の場面では、気後れする人もいるんですが、そうならないのも才能だと思う。沖澤さんは当時からマイペースな印象が変わらずあります。これは簡単なようですごく難しい。

佐渡裕さんがおっしゃっていたのですが、『海外で活躍できる人は何が違うか、それは自分の呼吸を持っている人』と。周りからの影響を受けずにマイペースでやれることは、コンクールで優勝したり、大舞台での演奏会を成功させたりする力になるんですよね」（「BRUTUS」2024／7／9）

佐渡の言葉を借りると、山田も沖澤も「自分の呼吸を持っている人」ということになるのだろうか——。

話を戻そう。

では、マエストロの代役に抜擢《ばってき》されて大きな舞台に上がるためには、どうすればいい？

それは、しかるべきマエストロのアシスタントを務める、または、オーケストラの指揮研究員になって研鑽《けんさん》を積む、という2つのケースが多い。

沖澤の場合、ベルリン・フィル芸術監督キリル・ペトレンコのアシスタントをしていたのだ。

そして、（第6章でも少し触れたが）山田和樹もベルリン・フィルの定期演奏会（2024／2025シーズン）の指揮台に上がる。セットリストは、レスピーギ《交響詩「ローマの噴水」》、武満徹《ウォーター・ドリーミング》、サン＝サーンス《交響曲第3番「オルガン付き」》。ブラボーである。

武満の《ウォーター・ドリーミング》では名手エマニュエル・パユ（1970年、ジュネーヴ生まれ）がフルート・ソロを吹く。彼は世界的なソリストでありなら、ベルリン・フィルの首席フルート奏者。こんな強い味方はいない。

ふと見渡すと、ベルリン・フィルには心強い味方がわんさかいる。

ファースト・コンサートマスターに樫本大進《かしもとだいしん》（1979年、ロンドン生まれ）、セカンド・ヴァイオリンの首席奏者にマレーネ・イトウ（1981年、横浜生まれ）、ヴィオラの首席奏者に清水直子《しみずなおこ》（1968年、大阪生まれ）というバディたちだ。

佐渡裕は小学校を卒業する時の文集にこんなことを書いている。


「大人になったらベルリン・フィルの指揮者になりたい」（『僕が大人になったら』佐渡裕）

このように、我々日本人は、世界の一流オケの中でもベルリン・フィルが大好きで、そこで演奏する者をオリンピックに出場するアスリートのように畏敬の念を込めて応援する。

同じシーズンの2025年3月のベルリン・フィルの定期演奏会には、神童と呼ばれている若きヴァイオリニストのＨＩＭＡＲＩ（２０１１年、東京生まれ）も、ストラディヴァリウス「ハンマ」を引っさげてデビューを飾る。

その時、彼女はまだ13歳だ。

佐渡裕は50歳、山田和樹は46歳で初めてベルリン・フィルの定期演奏会でデビュー（！）、だというのに――。

＊

思えば、日本人として最初にベルリン・フィルの指揮台に立ったのは、近衛秀麿である。

彼が渡欧する際、銀座で齋藤秀雄にばったり会った。

「僕も連れていってください」

「ああ、いいよ」

その齋藤が小澤征爾を（鉄拳制裁をいとわず）育てた。

そして、小澤征爾が日本のクラシック楽界をデザインした。

クラシック音楽の地図を描いたのだ。
大袈裟《おおげさ》な話ではなく。

付録

日本の指揮者とオーケストラ・ディスコグラフィ30

本書に登場した指揮者の録音を「日本の指揮者／日本のオーケストラ」というパッケージで30タイトル紹介する。毎度エクスキューズするが、これは「ベスト30」ではなく「レコメンド30」です。

昨今、多種多様なメディアでクラシック音楽を聴くというスタイルが定着したので、ま、ＣＤでも配信でもどんなデバイスで聴いていただいてもかまいません。もちろん、レコードでも。

かつてのように「これが名盤です！」というのも流行《はや》らなくなりました。でも、よい録音はよい録音です。それが東京のオケであろうが、地方のオケだろうが、です。

現在、日本オーケストラ連盟に加盟しているオーケストラは正会員27団体、準会員13団体（２０２４年8月現在）。「ディスコグラフィ30」に登場するオケは、ほぼ正会員である（既に消滅している近衛交響楽団、常設オケではないサイトウ・

キネン・オーケストラ、スタートして間もない横浜シンフォニエッタ、独自路線をゆく水戸室内管弦楽団を除く)。

このように、日本全国には素晴らしいオーケストラがあり、同時に素晴らしいコンサートホールがある。日本を代表する指揮者たち、オーケストラの演奏に加え、さまざまなホールの空気感、音響も含めてお楽しみいただけたら、これ幸いです。

尚、各タイトルの末尾には録音年(発売年ではなく)を記しています。

●近衛秀麿／近衛交響楽団
ベートーヴェン《交響曲第5番「運命」》
FONTEC　録音　日時不明

近衛はストコフスキーばりにスコアに手を加える指揮者だったようで、朝比奈隆の著書から近衛の仕事ぶりについて書いている部分があるので引いてみる。

「それはもうきわめて十九世紀の末期のハンス・フォン・ビュロー的な教育を受けてますから、ベートーヴェンだろうがシューマンだろうが全部書き直します。ベートーヴェンの第九の書き直したレコードを持ってますけども、もう頭からトンボーンも入ってバーッといくんです」（『朝比奈隆　わが回想』朝比奈隆）

朝比奈は、さらにはこう続ける。

「いや、ワーグナーのリングみたいな音がするんです。だから、響きとしては大変立派なんです。テンポとか、そういうものもすべていいんです。ただ、オーケストレーションというものを先生は自分の思うとおりにするわけです。未完成シンフォニーにイングリッシュホルンが入ってたり、シューマンのシンフォニーを全部書き直す。先生はまじめにベートーヴェンの全集を出版されるつもりだったようですね。ペータースと交渉中に亡くなられたんですが、そりゃペータースも往生したと思うんです」（『朝比奈隆　わが回想』朝比奈隆）

一聴すると、フルトヴェングラーやクナッパーツブッシュあたりのヨーロッパの古いレコードを思わせる重厚な響きが、ひとかたまりになって押し寄せてくる。思えば、近衛はフルトヴェングラーと同世代。あの時代に近衛秀麿というユニークな日本の指揮者がいたと思うと感慨深い。東京藝大の学生だった岩城宏之も、打楽器のエキストラとしてよく近衛交響楽団の演奏旅行に参加していたが、この録音に参加したかどうかはわからない。

この録音は『世界音楽全集』（筑摩書房／１９６２年刊）に添付されたフォノシートをＣＤ化したもの。歴史的資料としての価値も高い。

●齋藤秀雄／新日本フィルハーモニー交響楽団
ロッシーニ《セビリヤの理髪師序曲》、チャイコフスキー《ヴァイオリン協奏曲》
佐藤陽子《さとうようこ》（ヴァイオリン）
TOKYO FM　1974年

本作は齋藤秀雄にとっての最後の公開演奏会。東京文化会館。ソリストの佐藤陽子はモスクワでコーガンに、フランスでシゲティに師事し、チャイコフスキー国際コンクールとロン＝ティボー国際コンクールで3位、パガニーニ国際コンクールで2位に入った天才ヴァイオリニストだ。帰国後は芥川賞作家・池田満寿夫《いけだますお》とのアーティスト同士の自由奔放な夫婦生活（事実婚）で話題を呼んだあの佐藤陽子だ。

指導者としてもそうだがすぐに雷を落とす怖い指揮者だった齋藤も、一方で極度のあがり症だったらしい。それゆえ、指揮者としての大きな仕事がなかなかない。

そう思いながらこの録音を聴くと、興味深い。佐藤の熱い演奏と対峙《たいじ》して、音楽家としての血を滾《たぎ》らせながらオーケストラをドライヴする齋藤の姿が浮かび上がってくる。

●朝比奈隆／大阪フィルハーモニー交響楽団
ブルックナー《交響曲第7番》（ハース版）
Altus　1975年

ブルックナーが眠るザンクト・フローリアン修道院（オーストリア）に大阪フィルを引き連れ、乗り込んで行った演奏会のライヴ録音。朝比奈お得意の〝ブル7〟の重厚なサウンドが、ザンクト・フローリアン修道院に響く。

朝比奈のブルックナー録音はあまたあり、中でも〝ブル7〟は名盤揃い。それこそフェスティバル・ホール、サントリーホール、オケも大阪フィル、新日フィル、東響、さまざまな「朝比奈のブル7」が存在する。

こんなふうに朝比奈とブルックナーは切っても切れない関係にあるが、朝比奈はベルリンで、フルトヴェングラーに会ってブルックナーについてのアドヴァイスを受けているのだ。

「非常に重要なことを言っていただいたと思うのは、『自分のオーケストラを持っているのか』って言うから、『持っている』と言ったら、『旅行が済んで帰ったら何をやるんだ』というわけです。ちょうどブルックナーの公演のときだったので、九番をやるんだと言ったら、ブルックナーにもいろんな版があるけど、原典版でやらなきゃいけないというわけです。今では常識のようになっている原典版という言葉をこの時初めてききました。われわれにはそれほど資料が乏しかった時代です。出発前、大栗君に写譜しておいてくれと言ったのはヴェスのアレンジした版だったんです。それでフルトヴェングラーに『とにかくオリジナルを近所の本屋に行って買ってみたらすぐにわかる』と言われて、それだけでもう握手して別れたんで、ものの二分か三分ですが、僕にとってはブルックナー全集が出るか出ないかの境目でしたね」（『朝比奈隆　わが回想』朝比奈隆）

文中の「大栗君」とは大阪フィルのホルン奏者。朝比奈が版にこだわるのは、フルトヴェングラーのアドヴァイスがあってこそだ。

それにしても、朝比奈の代表作ともいわれている本作で聴けるブルックナー録音の、なんと雄大で神々しいことよ。

本作はザンクト・フローリアン修道院でのライヴ録音だが、２週間後にフローニンゲンオースターポート大ホール（オランダ）で同じ〝ブル７〟を演奏しており、その時のライヴ録音もリリースされているので是非。

●渡邉暁雄／札幌交響楽団
シベリウス《交響曲第2番》《第5番》
FONTEC　1983年、87年

札幌交響楽団・創設時（1961年）からのヴィオラ奏者・山崎量子《やまざきりようこ》は、人気コミック『テルマエ・ロマエ』の作者ヤマザキマリの母親だ。演奏会のない日は子供2人を連れて北海道中にワゴン車を走らせ、ヴァイオリンを教えに行ったそうだ。

「『凄くいいコンサートがあるから、2人とも学校休みなさい、授業よりこっちのほうが大事だから』などと私たちをズル休みさせる」（「文春オンライン」2023／7／20）

というユニークな母親だったそうだが、彼女はヤマザキマリに高校を中退させ「絵の勉強をしなさい」とイタリアへ送り出した。

「89歳で亡くなった、漫画家ヤマザキマリさんの母でヴィオラ奏者の量子さんの追悼コンサートが今年4月に千歳で行われ、全国から700〜800人が参加した」（「文春オンライン」2023/7/20）

北海道中に生徒がいて、全国に散らばって、そんな弟子たちが集まって追悼コンサートを開いたのだ。そのファンキーな人柄が偲《しの》ばれるエピソードだ。

こうした名物楽員のいるオケに、ウィーン生まれのペーター・シュヴァルツ、岩城宏之、秋山和慶、尾高忠明、高関健が札幌にやって来て、ばしばしオケを鍛えた。

1990年（平成2年）には札幌でPMF（パシフィック・ミュージック・フェスティバル）がスタート。札響はホスト・シティオーケストラとして、夏の大きな音楽祭で若手音楽家たちのサポートも担い始めた。まるで、ボストン響とタングルウッド音楽祭のようだ。

1997年（平成9年）には、音楽専用ホール「札幌コンサートホール Kitara」が開設され、世界水準のコンサートホールとしての評価が高いこのホールが本拠地に。札響はこのワインヤード型のホールでオーケストラの音を練り上げ、個性を磨きつつある。

本作は、北海道厚生年金会館での定期演奏会のライヴ録音。岩城宏之や山本直純が師事したマエストロ渡邉暁雄が振る渾身《こんしん》のシベリウス。透明感のあるサウンドとしっかりと締まるアンサンブルが素晴らしい。

●外山雄三／大阪交響楽団
チャイコフスキー《交響曲第4番》《幻想序曲「ロメオとジュリエット」》
King International　2018年、19年

大阪交響楽団創立40周年記念のライヴ・シリーズの一枚。ザ・シンフォニーホール。

創設者の敷島博子《しきしまひろこ》はクラシック好きの一般の主婦だった。彼女が立ち上げた大阪シンフォニカーの第1回定期演奏会が1981年（昭和56年）、第20回定期演奏会は1989年（平成元年）。その8年間に敷島は組織を整え（大阪シンフォニカー協会を設立）、トーマス・ザンデルリンクを客演指揮者に招いた。

１９９１年（平成3年）に三洋電機・井植敏《いうえさとし》社長（当時）が大阪シンフォニカー協会理事長になると、大きく風向きが変わる。翌１９９２年（平成4年）にはザンデルリンクを音楽監督・常任指揮者に迎え、２００１年（平成13年）に大阪シンフォニカー交響楽団、創立30周年の２０１０年（平成22年）に大阪交響楽団に名称を変更。

そして、創立40周年の記念演奏会は、外山雄三を迎えてのチャイコフスキーだ。《交響曲第４番》の堂々たるテンポとアンサンブル、端正でオーソドックスな《ロメオとジュリエット》。

２０２０年（令和2年）に大阪交響楽団の名誉指揮者に就任した外山雄三も、２０２３年（令和5年）、鬼籍に入った。彼は作曲家としても多くの作品を残した。

●山本直純／ＮＨＫ交響楽団

ブリテン、バーンスタイン、ジョン・ウィリアムズほか

King International　１９７8年、89年、90年、91年

山本直純はＴＶにラジオに映画音楽の作曲にと大活躍していた。クラシック畑から遠ざかっていたのだ。そんなさなかの１９７８年（昭和53年）、交通事故を起こした。

「この78年の事件前、『世界の表舞台に立つべき才能が、メディアに消費されてしまう』と憂えた岩城宏之が、小澤征爾と示し合わせ、都内の寿司屋に直純を呼び出した。

彼らが『こっちに戻ってこい。オレたちとまた一緒にやろう』と言っても、直純はなかなか首を縦に振らない。根負けして『わかったよ、ありがとう』と言った直純の声は涙にかすれていた。（N響の正指揮者だった）岩城はN響を振る機会を整えた。しかし交通違反スキャンダルによって、その機会は立ち消えになった」（『山本直純と小澤征爾』柴田克彦）

このように、定期演奏会を振るチャンスがなかなか巡って来ない中、「青少年のためのプロムナードコンサート」に出演することになった。N響との初共演である。

ブリテンの《青少年のための管弦楽入門》は直純自身がマイクを持って楽器についての説明を行う。N響の楽員に簡単なフレーズを吹かせたりしながら、笑いを誘う。これがめっぽう面白い。

本作には、ジョン・ウィリアムズ《「スター・ウォーズ」組曲全曲》やガーシュウィン《パリのアメリカ人》、バーンスタイン《ウエストサイド物語》より「シンフォニック・ダンス」など、なじみのポップスの名曲がいっぱい詰まっている。

N響のサウンドは、まるでボストン・ポップス・オーケストラのように楽しく鳴り響く。NHKホールでのライヴ録音。

●岩城宏之／オーケストラ・アンサンブル金沢
ブラームス《交響曲第1番》、ブルッフ《ヴァイオリン協奏曲第1番》
アン・アキコ・マイヤース（ヴァイオリン）
WARNER MUSIC JAPAN　2005年

金沢に日本初のプロの室内管弦楽団が立ち上がったのは、1988年（昭和63年）。オーディションには海外からの演奏家も多く集まった（ソ連崩壊という政治マターにより東欧出身の演奏家が流れて来たのだ）。

２００１年（平成13年）には石川県立音楽堂コンサートホールという本拠地もでき上がり、２００８年（平成20年）からは「ラ・フォル・ジュルネ金沢」も開催された。

本作はスタートアップ指揮者の岩城とオーケストラ・アンサンブル金沢（ＯＥＫ）の蜜月の時期に行われた演奏会のライヴ録音。瑞々《みずみず》しいサウンドを誇るＯＥＫのブラームスは、曲のフォルムがクッキリと浮かび上がり、ああこれがブラームスのオーケストレーションなんだと感心しきり。なおかつ響きも芳醇。アン・アキコ・マイヤースのヴィルトゥオージティ炸裂のブルッフもいい。

２０１８年（平成30年）に、パリ生まれのマルク・ミンコフスキが芸術監督に就くと、コンポーザー・イン・レジデンス制度（現在は「コンポーザー・オブ・ザ・イヤー」）を開設し、作曲家（池辺晋一郎《いけべしんいちろう》、黛敏郎、湯浅譲二《ゆあさじょうじ》、一柳慧《いちやなぎとし》など）に新作を委嘱し、発表の場を提供した。

２０２４年3月には、第４７９回定期演奏会を石川県立音楽堂コンサートホールで開き、ベートーヴェン《第九》を演奏した。終演後、スタンディング・オベーションが約10分間続いたという。

また、この夜《第九》を振ったミンコフスキは、自伝『マルク・ミンコフスキ　ある指揮者の告解』（春秋社刊）の日本語版の初版の印税全額と売り上げの一部を、能登半島地震被災者支援の義援金に寄付するとしている。

●小澤征爾／サイトウ・キネン・オーケストラ
ブラームス《交響曲第4番》《ハンガリー舞曲第5番》《第6番》
Decca　1989年

きっかけは1984年（昭和59年）に大阪のザ・シンフォニーホールと東京文化会館で行われた「齋藤秀雄メモリアル・コンサート」である。

齋藤の愛弟子だった小澤征爾と秋山和慶が中心となって桐朋学園の門下生約100名が海外からも駆けつけ、齋藤秀雄没後十年のコンサートを行ったのだ。

1987年（昭和62年）、この時のメンバーが日本企業（セイコーエプソン、NEC）の支援を受けてヨーロッパ公演を行った。2年後の1989年（平成元年）、このオーケストラは再びヨーロッパ・ツアーを敢行した。その時には、レコーディングまで行っている。

オーケストラの名は、サイトウ・キネン・オーケストラ。この時レコーディングしたのは、武満徹《ノヴェンバー・ステップス》とブラームス《交響曲第４番》である。

本作は、その時のブラームスのシンフォニーだ。あのカラヤンが録音場所として好んで使用したベルリンのイエス・キリスト教会での録音。

弦の美しさとホーンセクションとのバランスのよさ、何よりも日本のオーケストラがブラームスのセンチメンタルな情感を十二分に発露している。

こんな素晴らしいオーケストラを解散させるのは惜しいという声が上がり、１９９２年（平成４年）にサイトウ・キネン・フェスティバル松本（現・セイジ・オザワ松本フェスティバル）がスタートする。

●若杉弘／東京都交響楽団
武満徹《ノヴェンバー・ステップス》《弦楽のためのレクイエム》ほか
鶴田錦史《つるたきんし》（琵琶）、横山勝也《よこやまかつや》（尺八）、堀米ゆず子《ほりごめ》（ヴァイオリン）
DENON　１９９１年

鬼才・若杉弘が、武満徹の代表作4曲、《ノヴェンバー・ステップス～琵琶、尺八、オーケストラのための》《弦楽のためのレクイエム》《遠い呼び声の彼方へ～ヴァイオリンとオーケストラのための》《ヴィジョンズ》をデジタル録音したのが本作。しかも、武満が録音に立ち会い監修したというもの。

《ノヴェンバー・ステップス》はニューヨーク・フィル125周年を記念して武満に委嘱された作品で、1967年（昭和42年）の世界初演は小澤征爾がニューヨーク・フィルを振って行った。この夜をきっかけにタケミツの名は世界に轟《とどろ》くことになるのだ。

《ヴィジョンズ》はシカゴ響創立100年を記念して武満に委嘱された作品で、世界初演はダニエル・バレンボイム&シカゴ響のコンビで1990年（平成2年）に行われた。

都響の武満作品の録音は、このあとも若杉とのコンビで《ジェモー》《夢窓》《精霊の庭》と続く。それからも、沼尻竜典とのコンビで《秋》《ア・ウェイ・ア・ローンⅡ》《ウォーター・ドリーミング》《トゥイル・バイ・トワイライト》《スペクトラル・カンティクル》など、外山雄三とのコンビで《環礁》《地平線のドーリア》《鳥は星形の庭に降りる》《群島S.》《コロナⅡ》を録音している。

蛇足ながら、若杉弘は「初演魔」といわれていた。別宮貞雄《べっくさだお》《井筒の女》、西村朗《にしむらあきら》《オーケストラのための前奏曲》などの世界初演、バーバー《ピアノ協奏曲》、シェーンベルク《ペレアスとメリザンド》《グレの歌》、ペンデレツキ《ルカ受難曲》などの日本初演を行っている。このほかにも、初演した作品はまだまだある。

●飯守泰次郎／東京シティ・フィルハーモニック管弦楽団
ブルックナー《交響曲第4番「ロマンティック」》（ノーヴァク版）
FONTEC　2023年

飯守はバイロイト音楽祭の音楽助手を長く務めた経験を持つ指揮者だ。彼は両手に抱えたその宝物を、惜しみなく日本に持ち帰って披露した。

1972年（昭和47年）、「二期会オペラ創立20周年記念公演」でワーグナーの楽劇《ワルキューレ》を日本人として初めて指揮。2000年（平成12年）から《ニーベルングの指環》、2004（平成16年）に《ローエングリン》、2005年（平成17年）には《パルジファル》、

２００８年（平成20年）に《トリスタンとイゾルデ》と次々にワーグナーの楽劇を上演した。また、２０１１年（平成23年）から２０２２年（令和４年）まで「ブルックナー交響曲チクルス」を敢行。

本作は、チクルスを終えたばかりで、その集大成ともいうべきブルックナー珠玉のシンフォニー2曲だ。本作が録音された約４ヶ月後、飯守は逝去。このコンサートが彼のラストコンサートになった。

飯守と共にワーグナー作品を演奏した東京シティ・フィルは、よりドイツ的で、時に内省的なサウンドで彼の棒に応える。

２０１５年（平成27年）より高関健がこのオケの常任指揮者に。通常の定期演奏会（東京オペラシティ等）のほか、本拠地のティアラこうとう（江東公会堂）大ホールでの「ティアラこうとう定期演奏会」を開催。地域密着型のオケになりつつある。

●小林研一郎／日本フィルハーモニー交響楽団

チャイコフスキー《交響曲第2番「小ロシア」》《第5番》

Exton　2021年

コバケン、日フィル、チャイコフスキー――。

集客をごそっと見込めそうなワードが3つ並ぶ。さらにいえば、マエストロ小林研一郎の傘寿（80歳）、チャイコフスキーの生誕180年を記念した「交響曲全曲チクルス」の第2回目。サントリーホールでのライヴ録音。

コバケンのチャイコといえば《第5番》が定番。日フィルのほか、ロンドン・フィル、アーネム・フィル、チェコ・フィル、フィルハーモニック・アンサンブル管、コバケンとその仲間たちオーケストラといったオケでも《第5番》を録音している。

もう一方の十八番《おはこ》であるスメタナ《わが祖国》も、チェコ・フィル、読響、都響といった複数のオケで録音。

「ベートーヴェンをはじめとする楽聖が残してくれた音楽のきらめき。それを受け取れる喜び。その喜びを積み重ねられる幸せを、僕はひしひしと感じています。

僕の母親は98歳まで生きました。僕もその年齢になって指揮ができていたら、それほ

ど嬉しいことはないだろう、と思います。まだまだ勉強は続きます」(「週刊現代」2022/9/9)

とコバケン本人も、変わらぬ音楽への熱い想いを語っている。

小澤征爾が鬼籍に入り、同世代の井上道義が引退の道を選んだ。もうそろそろ、炎のコバケンの看板は下ろしてもかまわない。コバケンとその仲間たちオーケストラを長く続けていただきたい。

●井上道義／名古屋フィルハーモニー交響楽団ほか
ショスタコーヴィチ《交響曲全集》
Exton　2007年、16年

「今はショスタコーヴィチは僕自身だ！」

そう語って「ショスタコーヴィチ交響曲全曲演奏会」を成功させた井上道義。

このプロジェクト（2007年11月から12月にかけての日比谷公会堂での全8公演）に2016年（平成28年）の2公演を加えた、ショスタコーヴィチの全15曲の交響曲を収録したもの。オーケストラは、サンクトペテルブルク響、東フィル、新日フィル、名フィル、広響、日フィルほか。

このシリーズでも新日フィルと演奏した《交響曲第8番》を、今度は東京・サントリーホールで収録（2021年）したCDもある。

ここには、ショスタコーヴィチ《ステージ・オーケストラのための組曲》（ジャズ組曲第2番）も収録。こちらは一転してリズミカル、かつダンサブル。この作曲家はムズカシイ顔をしてばかりいるわけではない、という井上のメッセージだ。

みちよし先生、お疲れさま――。

●尾高忠明／東京フィルハーモニー交響楽団
ドヴォルザーク《交響曲第9番「新世界より」》

カメラータ　１９７５年

尾高は桐朋学園で齋藤秀雄に、ウィーン国立音楽大学でハンス・スワロフスキーにそれぞれ師事し、指揮研究員を経てＮ響の指揮者を長く務めたという王道を行く指揮者だ。

彼は渋沢栄一の生涯を描いた『青天を衝《つ》け』など大河ドラマのテーマ曲も多く振っているが、何と尾高は渋沢栄一のひ孫なのだ。新一万円札の肖像画を指して、「これ、おれのひいじいちゃん！」と言える数少ない日本人のひとりだ。

さて、尾高はＮ響のほか、札響、東フィル、読響、大阪フィルと、日本中の主要オケのシエフを歴任。

本作は、前年（１９７４年）に常任指揮者に座ったばかりの東フィルとのクールで熱い《新世界交響曲》である。世田谷区民会館というのが、その当時の東フィルの立ち位置がしのばれる。

東フィルのルーツは名古屋にある。１９１１年（明治44年）にスタートアップした「いとう呉服店少年音楽隊」（いとう呉服店は現在の松坂屋）なのである。この楽隊は、第１回選抜中等学校野球大会開会式（１９２４年）の演奏を行っているのだ。１９２５年（大正14年）に

「松坂屋少年音楽隊」になり、「松坂屋管弦楽団」「松坂屋シンフォニー」と名称を変えたのち、１９３８年（昭和13年）東京に拠点を移し、「中央交響楽団」を名乗った。１９４１年（昭和16年）の「東京交響楽団」を経て、１９４５年（昭和20年）「東京都フィルハーモニー管弦楽団」としてリスタート。翌１９４６年（昭和21年）に「東京フィルハーモニー管弦楽団」になったのち、現在の東京フィルハーモニー交響楽団に落ち着いた（１９４８年）。

１９８９年（平成元年）にBunkamuraのオーチャードホールを本拠地にし、１９９９年（平成11年）ソニー株式会社・大賀典雄《おおがのりお》会長（当時）が東京フィル会長に就任。２００１年（平成13年）に新星日本交響楽団と合併し、オケは大所帯になった。

これにより、Bunkamuraオーチャードホール、東京オペラシティコンサートホール・タケミツメモリアル、サントリーホールでの定期演奏会と同時に、新国立劇場のオーケストラ・ピットに入ってオペラやバレエの伴奏も行う。

まさにスーパー・オーケストラだ。

●小泉和裕／九州交響楽団

マーラー《千人の交響曲》
九響合唱団ほか
FONTEC　2018年

哲学者のように音楽を創るマエストロ小泉と九響フィルによる、創立65周年記念の定期演奏会の模様を収録。小泉得意の雄大なるマーラーである。

1995年（平成7年）に開館したアクロス福岡シンフォニーホールの音響も素晴らしい。ここはヨーロッパのオペラハウスのようにバルコニー席がステージを囲むように3階まである。このホールに鳴り響く伝説の《交響曲第8番「千人の交響曲」》だ。

1953年（昭和28年）の創設以来、森正、小泉和裕、秋山和慶、小林研一郎といったビッグネームがこのオケを率いた。

2024年（令和6年）、新世代のホープ太田弦がシェフの座に座った。太田は現在、仙台フィルと九響という日本でも重要なオーケストラのシェフに就いている。

●高関健／群馬交響楽団
マーラー《交響曲第2番「復活」》
佐々木典子《ささきのりこ》（ソプラノ）、永井和子《ながいかずこ》（メゾ・ソプラノ）、松居直美《まついなおみ》（オルガン）
群馬交響楽団合唱団（合唱指揮：阿部純《あべやすし》）
ALM Records　2006年

1945年（昭和20年）に、高崎市民オーケストラとして誕生。1955年（昭和30年）には、このオケをモデルにした映画『ここに泉あり』が公開になった。

1961年（昭和36年）には高崎市民の支援を受けて高崎に群馬音楽センターが立ち上がり、1963年（昭和38年）、群馬交響楽団に。長きにわたって群響のフランチャイズだったその群馬音楽センターに代わって、2019年（令和元年）高崎芸術劇場がオープン。びっくりするほどゴージャスな大劇場や、ピアノリサイタルや室内楽にうってつけの音楽ホールなどを持つ複合施設である。

1980年（昭和55年）からは上州が誇る景勝地（温泉町）の草津で、「草津夏期国際音楽アカデミー&フェスティヴァル」がスタート。ボストン響&タングルウッド音楽祭のようなアカデミーも伴う夏の音楽祭は日本初だ。

そして、1993年（平成5年）から2009年（平成21年）まで音楽監督を務めたのはカラヤンに愛された男・高関健。

本作は群響「創立60周年記念」東京公演（すみだトリフォニーホール）のライヴ録音。高関健渾身のマーラーの《復活》である。使用したスコアが、レナーテ・シュタルク＝フォイトとギルバート・カプラン校訂による国際マーラー協会の新校訂版（2006年）。日本初演だ。

マーラー《復活》は5つの楽章からなるスペクタクルなシンフォニーで、第4楽章と第5楽章に声楽を加えているのが特徴。第4楽章では、マーラーの歌曲集《子供の不思議な角笛》からの歌詞が使用されている。第1楽章の表題「葬礼」から、第5楽章で歌われる「復活」までの大河ドラマだ。

日本のオケでは、小澤征爾＆サイトウ・キネン・オーケストラ盤、変わったところだとロリン・マゼールが読響を振った熱狂的な《復活》もあるが、群響の《復活》も時に繊細、重厚かつパワフルだ。

●大植英次／大阪フィルハーモニー交響楽団
リヒャルト・シュトラウス《英雄の生涯》
長原幸太《ながはらこうた》（ヴァイオリン）
FONTEC　2004年、06年

1990年（平成2年）にバーンスタインがスタートさせたPMF札幌で、大植は病気で帰国したバーンスタインの代役で指揮台に立った。2005年（平成17年）夏には、東洋人指揮者として初めてバイロイト音楽祭本公演の指揮台に立った。これは小澤征爾でも成し得なかった快挙である（彼が振った《トリスタンとイゾルデ》についての評価はさまざまだけれど）。こうした自身のポジショニングのよさ、チャンスを引き寄せる明るい人柄でさまざまなオーケストラのシェフの座を射止めて来たのだけれど、2003年（平成15年）には、大植は朝比奈隆から大阪フィルを引き継いで音楽監督に就任した。それから2012年（平成24年）までこのオケを率いた（現在は桂冠指揮者）。

本作は、大阪フィルの本拠地ザ・シンフォニーホールでのライヴ録音。

朝比奈が得意としていたリヒャルト・シュトラウス《交響詩「英雄の生涯」》のほか、ラヴェル《ラ・ヴァルス》や武満徹《ノスタルジア》も収録。このオケは大植が率いるようになってレパートリーもグッと広がった。

大植のパワフルなパフォーマンスが目に浮かぶようだ。

●**大友直人／東京交響楽団**
エルガー《交響曲第2番》
EXTON　2023年

東響の本拠地であるミューザ川崎シンフォニーホールは、ステージをグルッと客席が取り囲むワインヤード型。どこの席からもオーケストラの演奏がよく見えるこの大きなホールを本拠地にしてから（2004年〜）、東響の音もヴィルトゥオーゾ・オーケストラのように、巧みに、そして芳醇になった。

本作は、エルガーの知られざる名曲に光を当てた、ミューザ川崎シンフォニーホールでのライヴ録音だ。

このオケのルーツは１９４６年（昭和21年）に設立された「東宝交響楽団」。文字通り映画音楽を演奏するために組織されたオーケストラだが、時代の変化とともにラジオ東京（現・ＴＢＳ）の専属になり、東京交響楽団と改称。１９５１年（昭和26年）のことだ。

「ぼくたちは、東京フィルハーモニーとか、東京交響楽団のようなスポンサーのないビンボー・オーケストラもよく聴きにいったが、切符をちゃんと買った。零細企業は助けなきゃいけない。

ところが、ＮＨＫ交響楽団という日本一の大オーケストラ、体制の権化には、抵抗感もあり、反抗手段として、絶対に切符を買わなかった。つまり、いつもモグって入ったのだ。あんな威張っているオーケストラに金なんぞ払うものか」（『森のうた』岩城宏之）

Ｎ響の演奏会にモグリで入って聴いていたのは、東京藝大の学生だった岩城宏之と山本直純である。

なんとも隔世の感があるエピソードだが、これはただの笑い話ではなく、１９６４年（昭和39年）にはＴＢＳから専属契約を打ち切られ、支援していた東芝も手を引き、一度は解散

（法人格を失う）の憂き目にあう。

そこから自主運営のオーケストラとして出直すわけだが、桐朋学園大学を卒業したばかりの秋山和慶がシェフの座につき、２００４年（平成16年）まで東響を率いるのだ。

そして、東京12チャンネル（現・TV東京）も彼らに救いの手を差し伸べる。このオーケストラが出演する番組「題名のない音楽会」をスタートさせるのだ。その東京12チャンネルの経営が難しくなると、今度はNET（現・テレビ朝日）に移行して番組は存続する。

１９８０年（昭和55年）、東響は再び財団法人としての再認可を受け、すかいらーく、エイチ・アイ・エスといったスポンサーを得て、経営も安定した。

秋山和慶の後は、大友直人、ジョナサン・ノット、現在は原田慶太楼がシェフの座についている。

１９９８年（平成10年）には新潟市と準フランチャイズ契約を結び、新潟市民芸術文化会館（りゅーとぴあ）でも年数回の定期演奏会を行っている。

●広上淳一／京都市交響楽団

ラフマニノフ《交響曲第2番》
Altus　2017年

京都市交響楽団は、1956年（昭和31年）に立ち上がった自治体運営のオーケストラ。2009年（平成21年）からは京都市の直営を離れ、京都市音楽芸術文化振興財団の運営となっている。

市響とはいうものの、森正、外山雄三、渡邉暁雄、山田一雄、小林研一郎、井上道義、高関健、大友直人、岩城宏之といった錚々たるマエストロが京都の指揮台に上がり、2008年（平成20年）に常任指揮者に就任した広上淳一は、そのシェフの座を14年間務めた。

広上淳一と京都市交響楽団は、2014年度（平成26年度）に第46回サントリー音楽賞を獲得。その受賞記念としてサントリーホールで行ったコンサートのライヴ録音が本作。

ロシアの濃厚なロマンティシズム溢れるラフマニノフの《交響曲第2番》、ボーナストラックとしてアンコールで演奏されたチャイコフスキー《組曲第4番「モーツァルティアーナ」～第3曲 祈り》も収録。広上&京響、最後の演奏会のマーラー《巨人》では、特別客演コンサートマスター石田泰尚《いしだやすなお》がソロを披露した。

広上淳一の後任として、2023年（令和5年）から、沖澤のどかが常任指揮者に就任している。

●大野和士／東京都交響楽団
マーラー《大地の歌》
藤村実穂子（メゾソプラノ）、宮里直樹（テノール）
Altus　2021年

コロナ禍はエンタメ業界を痛めつけた。大野和士&都響の《大地の歌》も中止になった公演のひとつだ。

その際、本公演と同じサントリーホールで無観客で録音されたのが本作。

毎年のようにバイロイト音楽祭の舞台にも乗った世界的なメゾ・藤村《ふじむら》実穂子《みほこ》や日本人離れした豊かな表現力を持つ宮里直樹《みやさとなおき》の歌声も聴きもの。それにもまして、スキルの高い都響のうねるようなアンサンブル。無観客の緊迫感も相まって迫力のある録音になっている。

大野は、海外のオーケストラやオペラハウスのシェフ（ザグレブ・フィルハーモニー管弦楽団音楽監督、カールスルーエ・バーデン州立歌劇場音楽総監督、ベルギー王立モネ劇場音楽監督、アルトゥーロ・トスカニーニ・フィル首席客演指揮者、フランス国立リヨン歌劇場首席指揮者、バルセロナ交響楽団音楽監督など）を歴任し、都響の音楽監督、新国立劇場オペラの芸術監督を務めるマエストロ。

新国立劇場では西村朗《紫苑物語》、藤倉大《ふじくらだい》《アルマゲドンの夢》、渋谷慶一郎《しぶやけいいちろう》《スーパーエンジェル》の世界初演を手がけるなど、精力的に活動をしている。

「子どもの頃から音楽が大好きでした。音楽が聞こえてくるとワクワクして嬉しくなって、とにかく体を動かしたくなり、小さい頃は床を転がったり、お箸を指揮棒にして振ったりしていました。

物心つく頃にはピアノを習い、オーケストラのコンサートにも出かけました。ハガキで応募すると、無料で聴けるコンサートがあったんです。初めてオーケストラの迫力ある響きを聴いたときはびっくりして、『は〜っ！』と深く息を吸い込みました。

小学校4年で、初めてオペラ『椿姫』を観たときも感動しましたね。第1幕と第3幕の冒頭に、同じメロディーが聞こえてきたのを覚えています。主人公が病にかかり、愛を失う時のメロディーが、とても印象的だったのです」（「ソニー音楽財団」HP）

２０２１年にディレイ開催された東京２０２０オリンピックの開会式では、大野&都響は《オリンピック讃歌》の演奏（指揮／録音）を務めた。

●佐渡裕／兵庫芸術文化センター管弦楽団
レスピーギ《ローマの祭り》《ローマの噴水》《ローマの松》
avex-CLASSICS　２０１４年

兵庫芸術文化センター管弦楽団（兵庫芸文オケ）は、阪神・淡路大震災からの復興のシンボルとして２００５年（平成17年）にオープンした兵庫県立芸術文化センターのレジデント・オーケストラとしてスタート。年末に開かれる「サントリー1万人の第九」コンサートに「1万人の第九オーケストラ」として毎年参加している。

創設以来、芸術監督を務めている佐渡が、オーディションによって楽員を広く海外からも集めた、若くてアカデミックなオーケストラだ。

佐渡はオペラ公演にも力を入れていて、これまでモーツァルト《魔笛》、ビゼー《カルメン》、プッチーニ《ラ・ボエーム》などが上演されている。

さて、本作はレスピーギの賑《にぎ》やかな交響詩の「ローマ三部作」。若々しく、カラフルで、リズミカルなアンサンブルが存分に聴ける。

●山下一史／仙台フィルハーモニー管弦楽団
シューマン《交響曲第2番》《第4番》
FONTEC　2010年

山下が、日本に帰る高関健の代わりにカラヤンのアシスタントになり、カラヤンの代役でベルリン・フィルを相手に《第九》を振った話は本文で触れたが、実はこの直前、民音の指揮者コンクールを2次で敗退しているのだ。前回入賞しているのにもかかわらず、だ。

帰国後、Ｎ響の副指揮者を経て、九響、仙台フィル、大阪響のシェフに就いているが、本作は仙台フィルをばりばり振っていた頃の録音である。仙台青年文化ホールでのセッション・ライヴ。弦もホーンも決して派手ではないが、ドイツのオケを思わせる深い響きが素晴らしい。

現在は、「仙台国際音楽コンクール」のホスト・オーケストラとして若手音楽家のサポートをも担う仙台フィルだが、１９７３年（昭和48年）の創設当時（名称は宮城フィルハーモニー管弦楽団）はアマチュア団員による市民オーケストラだった。１９７８年（昭和53年）に母体の「宮城フィルハーモニー協会」が社団法人化しプロのオーケストラに。１９８３年（昭和58年）には芥川《あくたがわ》也寸志《やすし》が音楽総監督に就任し、１９８９年（平成元年）に仙台フィルハーモニー管弦楽団に改称。グッと東北楽界での存在感を増す。

２０１１年（平成23年）３月に東日本大震災が発生しオーケストラ自身もダメージを受けたが、約２週間後には見瑞寺《けんずいじ》境内のバレエスタジオで第１回復興コンサートを開催。バーバー《弦楽のためのアダージョ》や唱歌《故郷》を演奏した。

●藤岡幸夫／関西フィルハーモニー管弦楽団
シベリウス《交響曲第2番》《交響詩「フィンランディア」》ほか
ALM Records　2005年

藤岡は東京生まれ、東京育ち。中等部からの慶應ボーイだ。
そんな彼が関西フィルと出会い、もう20年以上もこのオケの指揮台に上がっている。

「ここにすべて賭けて来ましたからね。その前に僕はイギリスに15年住んだんです。関西フィルを始めて日本に帰って来ちゃったんだけど、その時感じたことは、日本というのは何でもかんでも東京集中なんだなということだった。ヨーロッパから見ていて、それを変えたいなという気持ちがあってね。東京以外の街のオーケストラと仕事をしたいとずっと思っていた時に、関西フィルと出会ったんですよ。正指揮者になってくれって言われて引き受けた時には、こんなに入れ込んでやるとは自分でも思わなかったんだけど」（「ぴあ関西版web」2024／8／13）

本作は、そんな藤岡が得意とするシベリウス。恩師・渡邉暁雄からスコアを譲られたという《第2番》と《フィンランディア》。そして、エルガー《夕べの歌～2つの小品作品15より》を収録。住友生命いずみホールでのライヴ録音。

彼は母校の慶應ワグネル・ソサイエティ・オーケストラの演奏会でもシベリウス《第2番》を振った。第4楽章のクライマックスで、ファースト・ヴァイオリンに向かって藤岡が指揮をしながら左手をヴァイオリンを弾くように動かし、「もっと歌え！」「もっと歌え！」と煽《あお》っていたのを思い出す。熱い男である。

彼はその慶應出身の人脈を生かして関西財界人とのミーティングを定期的に行い、オーケストラ運営に生かしている。関西財界と深いつながりを持っていた京大卒の朝比奈隆に似ている。

大晦日恒例の「東急ジルベスターコンサート」（2012年）では、エルガー《威風堂々》を元旦の時報ちょうどに振り終えるという離れ業を披露した（さっちー先生、お見事でした）。これがきっかけで、「エンター・ザ・ミュージック」（BSテレ東）の司会に抜擢されている。

●飯森範親／山形交響楽団
モーツァルト《レ・プティ・リアン》（全曲版）
EXTON　2007年、15年、16年

「『オーケストラの少女』（1937年）という映画があるのですが、それを3歳か4歳くらいのときに観たんですよ。ある少女が、危機に陥ったオーケストラを救うといったストーリーで、レオポルド・ストコフスキーという実際の指揮者が出演しているんですね。彼が指揮していたシーンが脳裏にあったのでしょうか、10歳の頃にラヴェルの〝ボレロ〟を聴いて、ものすごく衝撃を受けたんです。単純なリズムの中で、2種類の旋律が繰り返され、音世界が徐々に広がっていく、その15分間の体験に心から引き込まれてしまった。この曲を自分で指揮してみたいと思ったんです」（「CINRA」2013／9／10）

ここにも、ストコフスキーにやられて指揮者になった日本人がいたのも驚きだが（もうひとりは岩城宏之）、こんなふうにして指揮者になった飯森は、東響、広響の正指揮者を経て、

２００７年（平成19年）に山響の音楽監督に就任。

飯森が山形で手がけたのは、「モーツァルト交響曲全曲チクルス」である。

「山形交響楽団は規模としてはそれほど大きくはないのですが、昨年40周年を迎えた、とても評価の高い楽団で、僕が関わるようになってから今年で10年目になります。我々がモットーとしているのは、『今いるメンバーだけで、できるだけやるようにしよう』ということ。要するに、ゲストプレイヤーなどはできるだけ入れない。そうすることで楽団内での仲間意識も強まり、また各自が成長していることを共有できる楽しさもあります。今回の『アジア オーケストラ ウィーク２０１３』では、前半のみ、渦を巻いているだけのホルンとか、管だけのトランペットとか、サリエリやモーツァルトが生きていた18世紀末に使用した楽器のレプリカを使って演奏するんです。そういう楽器で演奏することで、当時の音に近づけられるんじゃないかと今から楽しみです」（「ＣＩＮＲＡ」２０１３／９／10）

このようにモーツァルトが生きていた時代の楽器（ピリオド楽器）を積極的に取り入れて

のチクルスは、実に8年半に及んだ。

本作は、2017年（平成29年）にリリースされたモーツァルト《交響曲全集》のエクストラ版。バレエ音楽《レ・プティ・リアン》（偽作を含む全曲版）、《交響曲第48番「アルバのアスカニオ」》、《交響曲第50番「シピオーネの夢」》、《交響曲第51番「にせの女庭師」》、《交響曲 ヘ長調》を収録。すべて山形テルサホールでの録音だ。

●沼尻竜典／日本センチュリー交響楽団
メンデルスゾーン《交響曲第3番「スコットランド」》《第4番「イタリア」》
EXTON 2012年、13年

もともとは「大阪府音楽団」という大阪府が運営するプロの吹奏楽団。1989年（平成元年）に大阪センチュリー交響楽団に改組された。ここまではよかった。

2008年（平成20年）に橋下徹大阪府知事（当時）が、オーケストラの運営補助金の大幅縮減案を発表（この男は文楽でもオケでも何でも潰そうとする）。2011年度（平成23年度）

からの完全補助金カットが発表され、オーケストラ存続そのものが危ぶまれる事態になってしまった。

これを転機に、彼らは同年（2011年）「公益財団法人日本センチュリー交響楽団」として出直すことにした。大阪府から独立し、日本センチュリー交響楽団として生まれ変わった。

それからは、独自にスポンサーを探したり、コロナ禍はクラウドファンディングで資金（1000万円）を集めたりと苦労が続くが、それでも逞しい〝楽隊屋魂〟を炸裂させ奮闘する様は大阪府民ならずとも応援したくなる。

日本センチュリー交響楽団は、大阪のザ・シンフォニーホールで定期演奏会を行うほか、住友生命いずみホール、豊中市立文化芸術センターで公演を行うが、本作は滋賀県立芸術劇場びわ湖ホールでの公演の模様を録音したものだ。

びわ湖ホールの画像検索をしてみてほしい。湖畔にすーっと佇《たたず》む姿はシドニーのオペラハウスのようだし、館内（シューボックス型）はムジークフェラインザール（ウィーン楽友協会大ホール）のようになんともゴージャスで煌《きら》びやか。それでいて、見下ろすような高さの3階バルコニー席がグルリとステージを囲むあたり、古き佳《よ》きヨーロッパのオペラハウス、たとえるならゼンパー・オーパー（シュターツカペレ・ドレスデンの本拠地）のようだ。

そんな、噂に聞きしびわ湖ホールに鳴り響く、メンデルスゾーンの代表的なシンフォニーが2曲。

弦楽器の響きもよし、管楽器の鳴りもよし。ブザンソン国際指揮者コンクール（1990年）で優勝経験のある沼尻竜典のタクトで、日本センチュリー交響楽団のアンサンブルもグッと締まる美しいメンデルスゾーン。

●下野竜也／広島交響楽団

藤倉大《Akiko's Piano》、広島交響楽団2020「平和の夕べ」コンサートより

萩原麻未《はぎわらまみ》（ピアノ）、藤村実穂子（メゾソプラノ）

SONY MUSIC　2020年

広島の被爆75周年に行われた広島交響楽団による「〃平和の夕べ〃コンサート」のライヴ録音。

奇蹟的に修復されて保存されている被爆した〃明子さんのピアノ〃からインスパイアされ

て藤倉大が作曲した《ピアノ協奏曲第4番「Akiko's Piano」》は、本来、マルタ・アルゲリッチが弾く予定だったが、コロナ禍で来日が実現しなかった。そこで広島出身のピアニスト萩原麻未が代役（初演である）を務めた。

マーラー《歌曲集「亡き子をしのぶ歌」》はメゾソプラノの藤村実穂子が熱唱。ベートーヴェン《カヴァティーナ～弦楽四重奏曲第13番より》（弦楽合奏版）、齋藤秀雄による管弦楽編曲版バッハ《シャコンヌ》（無伴奏ヴァイオリン・パルティータ第2番より）と濃密な平和の祈りが続く。

萩原、藤村といった海外をまたにかけて演奏活動を展開する音楽家たちの熱演ぶりもさることながら、現代音楽にめっぽう強い（藤倉の信頼も厚い）下野竜也の冷静かつ緻密なタクトが広響の分厚いアンサンブルを巧みに捌《さば》く。

広島文化学園HBGホールでのライヴ録音。

●山田和樹／横浜シンフォニエッタ

シューマン《ピアノ協奏曲》、モーツァルト《ピアノ協奏曲第9番「ジュノーム」》

福間洸太朗《ふくまこうたろう》（ピアノ）
DENON　2014年、15年

1998年（平成10年）に東京藝大内に山田が仲間と作ったTOMATOフィルハーモニー管弦楽団。このオケを2005年（平成17年）に横浜シンフォニエッタに改名。2010年（平成22年）には一般社団法人化した。

それからはフランスの「ラ・フォル・ジュルネ音楽祭」（2013年）、モスクワの「ロストロポーヴィチ国際音楽祭」（2017年、19年）に参加するなど、海外でも暴れ回っている。そのフットワークのよさから「題名のない音楽会」にもたびたび出演。特に若い世代へのアプローチも成功している。

そんな若くてイキのいいオーケストラが、今や世界的ピアニストになりつつある福間洸太朗を迎えてのピアノ協奏曲。なんとも瑞々しいシューマン、そしてモーツァルト。

そういえば、「ラ・フォル・ジュルネTOKYO 2024」でも、東フィル、新日フィル、神奈川フィル、群響、兵庫芸文オケと肩を並べて、横浜シンフォニエッタも誇らしげにラインナップされていた（東京21世紀管、シエナ・ウインド・オーケストラも参加していた）。

今や2時間じっとして映画を見ることができない（タイパが悪いらしい）若者がふえつつある中、エンタメ、特にクラシック音楽の演奏会もタイパを考えていかなければいけない。そういう意味で、ラ・フォル・ジュルネの「1時間くらいの演奏会で2000円前後」というサイズ感はちょうどいい。

横浜シンフォニエッタは、そうした新しいフェーズを迎えた（迎えざるを得ない）日本のクラシック楽界の新しいシンボルになる可能性を秘めている。

●原田慶太楼／NHK交響楽団
Danzon
Columbia　2020年

日本ではインターナショナル・スクールに通い、渡米してアメリカの高校・大学に通った。そして、原田はロリン・マゼールに師事（自宅に住み込みで）、ジェームズ・レヴァインのアシスタントも務めた。

「サクソフォン、フルート、オーボエ、クラリネット、ファゴット、ホルン、ヴィオラが弾け、いわゆるオールウィンズ、マルチ。ブロードウェイが大好きで、元々ミュージカルのピット・ミュージシャンになりたくてアメリカに行ったのに、コンダクター（指揮者）になってます」（『世界の名門オーケストラ』音楽の友&レコード芸術編）

そして、本作はアメリカとメキシコの作曲家の作品を集めたもの。

アルバムタイトルの「Danzon」は、キューバ発祥のダンス・ミュージックのこと。バーンスタイン《オン・ザ・タウン》から《3つのダンス・エピソード》、ウォーカー《弦楽のための叙情詩》、ピアソラ《タンガーソ》（ブエノスアイレス変奏曲）、コープランド《バレエ組曲「アパラチアの春」》、マルケス《ダンソン第2番》といった曲を収録。サントリーホールでのライヴ録音。

「指揮者は雰囲気を作る人であり、与えられた時間内が勝負なわけですから。僕は本番はオーケストラにフリーに演奏してもらいたいですが、リハーサルでは一緒に作戦を練りたいのです。指揮者が一人で指示を出している状態は、アンサンブルとは言えないでしょう。それではつまらない。室内楽的な演奏をしようと、いつもオーケストラに言っています」（『世界の名門オーケストラ』音楽の友&レコード芸術編）

２０１７年（平成29年）には、ブルガリア国立歌劇場でビゼー《カルメン》を振って、ヨーロッパ・オペラ・デビューも果たしている。

山田和樹とも、沖澤のどかとも違うタイプの新世代指揮者だ。

●**川瀬賢太郎／神奈川フィルハーモニー管弦楽団**

リヒャルト・シュトラウス《英雄の生涯》、リムスキー＝コルサコフ《シェエラザード》

FONTEC　２０１７年

東京キー局の女子アナと結婚した、というニュースで川瀬賢太郎の名前を知った人も多いかも知れない。２０１８年（平成30年）、テレビ朝日の松尾由美子アナと結婚。川瀬が飼っ

ていたネコを、出張した時に預かったのがきっかけだという。

さて、本作は２０１４年（平成26年）から２０２２年（令和４年）まで常任指揮者を務めた神奈川フィルの定期演奏会からの録音である。横浜みなとみらいホール。

交響詩《英雄の生涯》では﨑《さき》谷《や》直《なお》人《と》、交響組曲《シェエラザード》では石田泰尚という２人の看板コンサートマスターがソロを披露。﨑谷はウェールズ弦楽四重奏団、石田泰尚は石田組で売り出し中のヴァイオリニスト。さらには、﨑谷と石田でドス・デル・フィドルというユニットも組んでいる。

神奈川フィルは多額の債務超過で経営難に陥った中、募金活動で危機を乗り切り（２０１４年に債務解消）、本拠地だった神奈川県立音楽堂が２０１８年（平成30年）に休館したりといったハードラックを乗り越え、現在は横浜みなとみらいホールと神奈川県民ホール、リニューアルした神奈川県立音楽堂で定期演奏会を行っている。

今、日本でもっとも勢いのあるオーケストラのひとつだ。

●沖澤のどか／読売日本交響楽団

シベリウス《交響曲第2番》
Columbia　2021年

2018年（平成30年）「東京国際音楽コンクール〈指揮〉」で優勝。

2019年（令和元年）「ブザンソン国際指揮者コンクール」で優勝。

2022年（令和4年）「ロシアの軍事侵攻と戦うウクライナとの連帯を表明するコンサート」にペトレンコの代役でベルリン・フィルと初共演。

2023年（令和5年）京都市交響楽団の常任指揮者に就任。

2024年（令和6年）「セイジ・オザワ松本フェスティバル」の首席客演指揮者に就任。


ここ数年の彼女のアクティヴィティをざっと並べると、こうなる——。

今、もっとも注目されている若手指揮者のひとりであることは間違いないが、彼女の視野の先には何があるのだろう。


「オペラもやっていきたいという想いがあります。コンクールで優勝させてもらうとやっぱりそれがきっかけで、演奏の機会をいただくことが増えると思うんですけど、その時期に自分がどれだけコンサートにはない曲を準備できるかがすごく大事だと思うので、今後アシスタントの機会もありますし、オペラにじっくり取り組みたいと考えています」（東京藝術大学ＨＰ「ゲ！・偉大！」第１回）

そんな沖澤が、読響に初登場した東京芸術劇場でのライヴ録音。
まずは名刺がわりの一枚だ。

●水戸室内管弦楽団
シューベルト／マーラー編《死と乙女》、マーラー《交響曲第5番よりアダージェット》
吉野直子《よしのなおこ》（ハープ）
SONY CLASSICAL　１９９３年

１９８８年（昭和63年）に岩城宏之がオーケストラ・アンサンブル金沢を立ち上げる際に

ワールドワイドなオーディションを行ってメンバーを募ったのに対し、1990年（平成2年）に水戸芸術館の専属楽団としてスタートしたこのオーケストラは、初代館長の吉田秀和と総監督の小澤征爾がメンバーを厳選した（いわゆる一本釣りである）。

その結果、世界中で活躍するソリスト、さまざまなオーケストラのコンサートマスター経験者、首席奏者が集まるヴィルトゥオーゾ集団になった。

本作はそのデビューアルバムである。彼らは指揮者は置かず、純度の高い室内楽を追求する。

マーラーが弦楽四重奏曲を弦楽アンサンブルのために編曲した《死と乙女》で見せる息をもつかせぬ精緻なアンサンブル、弦楽器とハープのみで演奏される《アダージェット》は映画『ベニスに死す』で印象的に使われている、あの美しくも狂おしい曲だ。

金沢や水戸に続く室内管弦楽団としては、紀尾井ホール室内管弦楽団（1995年〜）といずみシンフォニエッタ大阪（2000年〜）がある。両者とも、それぞれ、紀尾井ホールと住友生命いずみホールのレジデント・オーケストラ。

また別格として、鈴木雅明《すずきまさあき》を音楽監督としてスタートしたバッハ・コレギウム・ジャパン（1990年〜）がある。彼らは世界でも一定の評価を受けている。

あとがき

生まれて初めて生で見たオーケストラは、ウィーン・フィルハーモニー管弦楽団だ。

２０００年11月、サントリーホール。指揮は小澤征爾。ブラームスの《交響曲第３番》と《第２番》。

この大好きなブラームスの２曲を、私のお気に入りの席――上手側の２階バルコニー席――で見た。２曲とも初演はウィーン・フィル（ハンス・リヒターの指揮だ）というスペシャルなセットリストだ。

ウィーン・フィルは目の前でブラームスを演奏した。

そして、私を沼に引きずり込んだ――。

その夜から1年ちょっと後、彼らは私に『3日でクラシック好きになる本』(2002年2月／初の著書だ)を出版させた。ほんとうは別の本を出版するプランだったのに。まんまとしてやられたのだ——。

2冊目の『指揮者の名盤』を翌年に出版すると、それをお読みになったコバケン(小林研一郎)先生から葉書をいただき、それから数年、年賀状のやりとりをさせていただいた。

ちなみに『指揮者の名盤』のあとがきで、「次か、その次には、ブラームスの本を書きたいと思います」と書いているのだけれど、未《いま》だ果たせていない。ま、そのくらい、ブラームス(ウィーン・フィル? 小澤征爾?)にやられてしまったらしいが、それでも気がつくとクラシック音楽の本を出すことが私のキャリアの中心になっていた。

思えば、大学時代からクラシックといえばピアノ音楽だった。まわりにピアニストの卵がいっぱいいたのだ(今でもピアニストの友達が多い)。

やがて、サティのブームがやってきて、ウラディミール・ホロヴィッツがやってきて、スタニスラフ・ブーニンがワルシャワを制して日本中が「ブーニンブーニン」と騒ぎ始めた。レコードやCDを買い漁っていたのは、ドビュッシー、ラヴェル、ショパン、バッハ、そしてブラームス。演奏会もピアノ・リサイタルばかり行っていた。マルタ・アルゲリッチ、イーヴォ・ポゴレリチ、ヴァレリー・アファナシエフ、そして、マウリツィオ・ポリーニ。それから、室内楽もよく行った。

しかし、社会人（出版業界）になると演奏会に行けなくなった。急に取材が入るのでチケット（バブル期にはチケット代はばか高くなっていった）を無駄にすることが多くなっていたのだ。古楽器やグレゴリオ・チャントのブームがやってきたりもしたが、演奏会からは足が遠のき、ましてやクラシックの本を書くなんて考えもしなかった。

私のもっとも好きなオーケストラはパリ音楽院管弦楽団である。とうに消えてなくなったオーケストラだ（シャルル・ミュンシュがこしらえたパリ管弦楽団はまったく別の団体だ）。ウィーン・フィルは2番目に好きなオーケストラ。毎年のように来日公演はあるが、なかなかスケジュールが合わない。

けれど、チャンスが巡ってきた。それが２０００年の11月のサントリーホールだ。

先日、大河ドラマを見ていたら、主人公（のちの紫式部）のこんなセリフがあった。

何を書きたいのかはわからない　けれど筆を執らずにはいられない
そんなふうにあちこちの雑誌に書き散らしていた私の背中を、そっと、いやズドンと押してくれたのがくだんのウィーン・フィル、そして小澤征爾だ。
あれからクラシックの本を書き続け、本書が9冊目の単著になっちゃいましたよ、小澤さん。

本間ひろむ

2024年2月、小澤征爾さんが亡くなった。
本書は感謝の意味も込めて氏に捧げたい。

2024年9月

参考文献

『世界の名門オーケストラ』音楽の友&レコード芸術編（音楽之友社）
『交響録　N響で出会った名指揮者たち』茂木大輔（音楽之友社）
『自伝　若き日の狂詩曲』山田耕筰（中公文庫）
『山田耕筰　作るのではなく生む』後藤暢子（ミネルヴァ書房）
『戦火のマエストロ　近衛秀麿』菅野冬樹（NHK出版）
『近衛秀麿　日本のオーケストラをつくった男』大野芳（講談社）
『幸田延』萩谷由喜子（ヤマハ・ミュージック・エンターテインメント）
『貴志康一　永遠の青年音楽家』毛利眞人（国書刊行会）
『オーケストラ、それは我なり　朝比奈隆　四つの試練』中丸美繪（中公文庫）
『嬉遊曲、鳴りやまず　斎藤秀雄の生涯』中丸美繪（新潮文庫）
『朝比奈隆　わが回想』朝比奈隆（徳間文庫）
『この響きの中に』朝比奈隆（実業之日本社）
『カラヤンと日本人』小松潔（日経BPマーケティング）
『ボクの音楽武者修行』小澤征爾（新潮文庫）
『小澤征爾さんと、音楽について話をする』小澤征爾、村上春樹（新潮文庫）
『おわらない音楽　私の履歴書』小澤征爾（日経BPマーケティング）
『小澤征爾　覇者の法則』中野雄（文春新書）

『山本直純と小澤征爾』柴田克彦（朝日新聞出版）
『オーケストラがやって来たが帰って来た！』山本直純（実業之日本社）
『森のうた』岩城宏之（河出文庫）
『楽譜の風景』岩城宏之（岩波新書）
『指揮者のひとりごと』小林研一郎（騎虎書房）
『オーケストラ解体新書』読売日本交響楽団・編（中央公論新社）
『降福からの道』井上道義（三修社）
『僕はいかにして指揮者になったのか』佐渡裕（新潮文庫）
『僕が大人になったら』佐渡裕（ＰＨＰ文庫）

目次・章トビラ・巻末（付録）デザイン　板倉　洋

本間ひろむ（ほんまひろむ）

1962年東京都生まれ。批評家/アーティスト。大阪芸術大学芸術学部文芸学科中退。クラシック音楽評論など文筆活動のほか、作詞作曲も手がける。主な著書に『ユダヤ人とクラシック音楽』『アルゲリッチとポリーニ』『日本のピアニスト』『日本のヴァイオリニスト』（以上、光文社新書）、『ヴァイオリンとチェロの名盤』『ピアニストの名盤』『指揮者の名盤』（以上、平凡社新書）、『3日でクラシック好きになる本』（KKベストセラーズ）ほか。新聞・雑誌への寄稿のほか、ラジオ出演も。

日本《にほん》の指揮者《しきしゃ》とオーケストラ　小澤征爾《おざわせいじ》とクラシック音楽《おんがく》地図《ちず》

2024年10月30日初版1刷発行

著　者 —— 本間ひろむ
発行者 —— 三宅貴久
装　幀 —— アラン・チャン
印刷所 —— 堀内印刷
製本所 —— 国宝社
発行所 —— 株式会社光文社
東京都文京区音羽1-16-6（〒112-8011）
https://www.kobunsha.com/
電　話 —— 編集部03（5395）8289　書籍販売部03（5395）8116
制作部03（5395）8125
メール —— sinsyo@kobunsha.com

落丁本・乱丁本は制作部へご連絡くだされば、お取替えいたします。

ISBN 978-4-334-10446-7

1315
電車で怒られた！
「社会の縮図」としての鉄道マナー史
田中大介

「バッグが当たってんだよ！」。時に些細なことで殺伐とする電車内。なぜ人は電車でイラついてしまうのか？「車内の空気」の変遷を丹念にたどり、その先にある社会までを見通す一冊。

978-4-334-10351-4

1316
なぜBBCだけが伝えられるのか
民意、戦争、王室からジャニーズまで
小林恭子

大戦による「危機」、政権からの「圧力」、そして王室との「確執」まで――。報道と放送の自由のために、メディアは何と向き合ってきたのか？　在英ジャーナリストと辿る「BBCの一〇〇年」。

978-4-334-10352-1

1317
「ふつうの暮らし」を美学する
家から考える「日常美学」入門
青田麻未

家の中の日常に「美」はあるか？　椅子、掃除、料理、地元、ルーティーンを例に、若手美学者が冴えわたる感性で切り込む。「美学」の中でも新しい学問領域、「日常美学」初の入門書。

978-4-334-10353-8

1318
フランス　26の街の物語
池上英洋

フランスの魅力は豊かな個性をもつそれぞれの街にある――。美術史家が、人、芸術、歴史、世界遺産の観点から厳選した26の街を訪ね歩き、この国がもつ重層性と多面性を、新視点で綴る。

978-4-334-10354-5

1319
等身大の定年後
お金・働き方・生きがい
奥田祥子

再雇用、転職、フリーランス、NPO法人などでの社会貢献活動、そして管理職経験者のロールモデルに乏しい女性の定年後に焦点をあて、あるがままの〈等身大〉の定年後を浮き彫りにする。

978-4-334-10375-0

1320
日本の政策はなぜ機能しないのか？
EBPM《エビデンスに基づく政策》の導入と課題

杉谷和哉

データやファクトに基づき政策を作り、適切に評価する。当たり前のことのようで、これが難しい。その背景を公共政策学の知見から分析し、「政策の合理化」を機能させる条件を考える。

978-4-334-10376-7

1321
日本の古代とは何か
最新研究でわかった奈良時代と平安時代の実像

有富純也 編　磐下徹
十川陽一
黒須友里江
手嶋大侑　小塩慶

国家や地方は誰がどう支配していたのか？ 藤原氏は権力者だったのか？「唐風文化から国風文化へ」は本当？ 受領は本当に悪吏だったのか？……気鋭の研究者らが新たな国家像に迫る。

978-4-334-10377-4

1322
名画の力

宮下規久朗

名画の力とは、現場で作品に向き合ったときこそ発揮されるものなのだ——。伝統の力から現代美術、美術館まで。七つのテーマで美術の魅力をより深く味わう極上の美術史エッセイ。

978-4-334-10378-1

1323
旧統一教会 大江益夫・元広報部長懺悔録

樋田毅

この世に真実を語り残しておきたい——。その生い立ちから六〇年近く過ごした旧統一教会での日々、そして病を患ってからの心境の変化まで、元広報部長による人生をかけた懺悔。

978-4-334-10397-2

1324
定年いたしません！
「ジョブ型」時代の生き方・稼ぎ方

梅森浩一

「終身雇用」崩壊の時代、考えておくべき定年前後のライフプラン。自身が定年を迎えた人事のプロが、現実を前に、ジョブ型転職や給与、65歳からの就活について余すところなく解説！

978-4-334-10398-9

1325
なぜ地方女子は東大を目指さないのか
江森百花　川崎莉音

資格取得を重視し、自己評価が低く、浪人を避ける――。地方と女性という二つの属性がいかに進学における壁となっているのか。現役東大女子学生による緻密な調査・分析と提言。

978-4-334-10399-6

1326
しっぽ学
東島沙弥佳

ヒトはどのようにしてしっぽを失った？　しっぽにどんな思いを馳せてきた？　しっぽを知って、ひとを知る――。文理を越えて研究を続けるしっぽ博士が、魅惑のしっぽワールドにご案内！

978-4-334-10400-9

1327
人生は心の持ち方で変えられる？
〈自己啓発文化〉の深層を解く
真鍋厚

成長と成功を目指す「足し算型」に、頑張ることなく幸福を得ようとする「引き算型」。日本人は自己啓発に何を求めてきたか？「より良い人生を切り拓こうとする思想」の一六〇年を分析する。

978-4-334-10422-1

1328
遊牧民、はじめました。
モンゴル大草原の掟
相馬拓也

150㎞にも及ぶ遊牧、マイナス40℃の冬、家畜という懐事情を近所に曝け出しての生活――。モンゴル大草原に生きる遊牧民の暮らしを自ら体験した研究者が赤裸々に綴る遊牧奮闘記！

978-4-334-10423-8

1329
漫画のカリスマ
白土三平、つげ義春、吾妻ひでお、諸星大二郎
長山靖生

個性的な作品を描き続け、今も熱狂的なファンを持つ四人。後続の漫画家（志望者）たちを惹き付け、次世代の表現を形作ってきた。作品と生涯を通し昭和戦後からの精神史を読み解く。

978-4-334-10424-5

1330
ロジカル男飯
樋口直哉

ラーメン・豚丼・ステーキ・唐揚げ・握りずしなど、万人に好まれる料理を、極限までおいしくするレシピを追求！　料理に対する考えを一変させる、クリエイティブなレシピ集。

978-4-334-10425-2

1331
現代人のための読書入門
本を読むとはどういうことか
印南敦史

「本が売れない」「読書人口の減少」といった文言が飛び交う現代社会。だが、いま目を向けるべきは別のところにあるのかもしれない――。人気の書評家が問いなおす「読書の原点」。

978-4-334-10444-3

1332
長寿期リスク
「元気高齢者」の未来
春日キスヨ

人生百年時代というが、長寿期在宅高齢者の生活は実は困難に満ちている。なぜ助けを求めないのか？　今後増える超高齢夫婦二人暮らしの深刻な問題とは？　長年の聞き取りを元に報告。

978-4-334-10445-0

1333
日本の指揮者とオーケストラ
小澤征爾とクラシック音楽地図
本間ひろむ

「指揮者のマジック」はどこから生まれるのか――。明治時代以降の黎明期から新世代の指揮者まで、それぞれの個性が炸裂する、指揮者とオーケストラの歩みと魅力に迫った一冊。

978-4-334-10446-7

1334
世界夜景紀行
丸田あつし
丸々もとお

夜景をめぐる果てしなき世界の旅へ――。世界411都市、602点収録。ヨーロッパから中東、南北アメリカ、アジア、アフリカまで。夜景写真&評論の第一人者が挑んだ珠玉の情景。

978-4-334-10447-4